Harry Potter

SES 24 SECRETS POUR VIVRE HEUREUX AVEC SES BLESSURES D'ENFANCE

Directeur éditorial : Stéphane Chabenat
Éditrice : Charlotte Sperber
Conception graphique et mise en pages : Soft Office
Conception graphique de la couverture : olo.éditions
Crédits picto : Flaticon.com

l'Etudiant
ÉDITIONS
sont éditées par :

les Éditions de **l'Opportun**
16, rue Dupetit-Thouars
75003 Paris
www.editionsopportun.com

CARLA SCHIAPPA-BURDET

Harry Potter

SES 24 SECRETS POUR VIVRE HEUREUX AVEC SES BLESSURES D'ENFANCE

l'Etudiant
ÉDITIONS

SOMMAIRE

Partie 2
HARRY POTTER ET SON ENTOURAGE

Partie 3

HARRY POTTER ET SA QUÊTE

INTRODUCTION

Harry Potter a depuis longtemps dépassé le stade du héros de romans ou de films : il est devenu une véritable icône. Quidditch, Nimbus 2000 ou encore Chocogrenouilles sont devenues des expressions familières qu'il n'est plus nécessaire de décrypter. J. K. Rowling, l'autrice de la saga, a créé un univers fantastique exceptionnel, avec de nombreuses références mythologiques, historiques et philosophiques. Mais au-delà de cet univers, c'est l'histoire même du personnage de Harry Potter qui a permis au lecteur et au spectateur de se projeter dans ce récit, voire de s'identifier à Harry : un petit garçon orphelin, survivant d'un drame, maltraité, laissé de côté, qui est en réalité un très grand sorcier et sur qui l'équilibre du monde repose. Harry Potter est le symbole même de la résilience.

Il fait preuve d'une très grande force de vie et nous allons explorer de quelles façons celle-ci s'exprime dans les films et les livres : comment ses nombreuses blessures d'enfance rejaillissent-elles en filigrane dans l'histoire ? De quelles manières l'aident-elles à atteindre son but, à le pousser à adopter tel comportement ou à prendre telle décision ? Comment, malgré une enfance sordide et triste, parvient-il à garder son optimisme et son intégrité ? Quels sont ses secrets pour vivre avec ses blessures d'enfance malgré tout ? Au-delà de la saga *Harry Potter*, quels sont les secrets pour dépasser les épreuves traversées durant l'enfance et mener une vie d'adulte sereine ?

Afin de vous plonger dès maintenant dans l'univers de Poudlard, testez votre degré de *Potter-trauma* en sélectionnant la réponse qui vous correspond le mieux dans le test suivant.

TESTEZ-VOUS !

1. Vous souvenez-vous de votre rentrée des classes au collège ?

A- Vous aviez vos parents à vos côtés, pas de risque d'arriver en retard.

B- Vous vous sentiez un peu déboussolé, un peu à part.

C- Vous étiez complètement largué, sur le quai de la gare.

2. Comment votre famille vous surnommait-elle quand vous étiez enfant ?

A- Doudounou.

B- Dédé, ou un dérivé de votre prénom, un peu chelou.

C- Débilou, ou pas de surnom.

3. Quel serait votre poste si vous faisiez partie de l'équipe de Quidditch ?

A- Attrapeur, vous voulez être le meilleur !

B- Batteur, vous cognez pour vous protéger.

C- Poursuiveur, à la recherche du bonheur.

4. Quelle est votre particularité physique ?

A- Rien de spécial...

B- Un hibou et des cheveux roux !

C- Une cicatrice sur le front et des petites lunettes rondes.

5. Si vous pouviez adresser un message à l'enfant que vous étiez :

A- Profite, ce sont tes meilleures années !

B- Au final, ça va bien se passer.

C- Serre les dents, tu vas finir par oublier...

6. En tant que parent, vous voudriez que votre enfant rejoigne la maison :

A- Serpentard, à fond la réussite et le pouvoir !

B- Poufsouffle, le travail et la patience.

C- Gryffondor, le courage et la détermination.

7. Au lycée, vous tentiez plutôt :

A- D'être délégué ou capitaine de l'équipe de sport : la popularité à tout prix !

B- De faire coïncider vos envies, vos besoins et vos tracas.

C- De dompter vos démons et de passer entre les gouttes.

8. À quel professeur pourriez-vous confier vos secrets ?

A- Severus Rogue...

B- Minerva McGonagall...

C- Remus Lupin...

9. De votre enfance, vous avez conservé :

A- Des objets, des amis, des lieux...

B- Quelques bons souvenirs.

C- Vous avez tiré un trait sur la plupart des souvenirs et des moments de votre enfance !

10. À la kermesse de l'école primaire, on vous donnait le rôle de :

A- Présentateur, sous le feu des projecteurs.

B- Choriste, fondu dans la masse.

C- Doublure en coulisse, le moins visible possible.

RÉSULTATS DU TEST

Il est temps de compter vos réponses et de découvrir quel ancien enfant vous êtes !

Vous avez une majorité de réponses A :

Vous avez passé une enfance cocoonée et choyée, peut-être que le monde de Harry Potter vous intéresse justement pour découvrir ce que ressentent les personnes qui vivent avec des blessures d'enfance. La psychologie de Harry Potter vous permettra de découvrir plusieurs facettes de l'existence humaine !

Vous avez une majorité de réponses B :

Vous avez certainement quelques blessures d'enfance que vous avez enfouies. Peut-être que vous vous identifiez parfois aux héros de Poudlard. Un plongeon dans les turpitudes de Harry Potter vous aidera à décrypter ses secrets, à mieux le connaître et mieux vous connaître par la même occasion.

Vous avez une majorité de réponses C :

Vous êtes Harry ? Vous avez grandi dans un placard sous l'escalier ? Votre cousin s'appelle Dudley et vous avez une cicatrice sur le front ?

Partie 1

HARRY POTTER ET SON PASSÉ

« Il y a des horreurs dans votre passé,
des horreurs que vos camarades
ne peuvent guère imaginer. »

REMUS LUPIN À HARRY,
HARRY POTTER ET LE PRISONNIER D'AZKABAN,
(FILM).

Qui aurait pu penser qu'un personnage orphelin, maltraité et torturé, deviendrait l'un des plus grands héros de tous les temps ?

Harry porte sur lui et en lui le poids de son arbre généalogique : la cicatrice qu'il a reçue de Voldemort l'a marqué à tout jamais et ne lui laisse aucun répit. Pire, elle est placée au milieu de son visage, il est donc impossible de regarder Harry sans la voir.

Harry a dû faire face à des traumatismes importants lors de sa petite enfance : la mort dramatique de ses parents, l'attaque par Voldemort, sa survie qu'il ne doit qu'au sacrifice ultime de sa mère, mais aussi la maltraitance de la famille Dursley qui l'a humilié jour après jour et qui lui a caché la cause de la mort de ses parents en l'enfermant dans le monde des Moldus.

Cependant Harry refuse d'être réduit à ce qu'il a vécu, il ne veut pas être défini uniquement par son passé. En cela, il fait preuve d'une grande résilience. Pour autant, ses différents interlocuteurs lui rappellent sans cesse « Tu as les yeux de ta mère », comme s'il ne pouvait se défaire de ce poids qui pèse sur ses épaules.

Que ce soit Tom Jedusor, Severus Rogue ou encore Drago Malefoy (bien qu'il ne soit pas orphelin, Drago a été aussi abîmé par des parents toxiques et leur sinistre folie), Harry Potter fait partie de ces personnages marqués par leurs souvenirs d'enfance.

Poudlard représente alors pour Harry la clé de la résilience, le lieu où il pourra repartir de zéro : Cela commence par l'intermédiaire de Hagrid tout d'abord, puis grâce à l'appui permanent de Dumbledore. Le premier abandon, lorsque Harry est déposé bébé devant le 4, Privet Drive, est avant tout un acte d'amour : Hagrid, Dumbledore et Minerva l'abandonnent aux Dursley pour le protéger de Voldemort, mais n'en n'oublient pas pour autant qu'il sera appelé à faire de grandes choses. Dumbledore le dit très clairement au professeur McGonagall : « Être célèbre avant même d'avoir appris à marcher et à parler ! Célèbre pour quelque chose dont il ne sera même pas capable de se souvenir ! Ne comprenez-vous pas qu'il vaut mieux pour lui qu'il grandisse à l'écart de tout cela jusqu'à ce qu'il soit prêt à l'assumer[1] ? » Le monde de Poudlard ne réapparaît dans la vie de Harry qu'une dizaine d'années plus tard, par l'intermédiaire des fameuses lettres d'admission. C'est une échappatoire inespérée.

Et si finalement le monde des sorciers – la voie 9 ¾, les quatre maisons, les Reliques de la Mort – n'étaient que le fruit de l'imagination de Harry Potter, coincé au 4, Privet Drive, dans le but d'adoucir son existence ? Comme le lui a dit Dumbledore, « Par moment, je vois encore le petit garçon dans le placard[2] ».

---

1. J. K. Rowling, *Harry Potter à l'école des sorciers*, 1997.
2. *Harry Potter et le Prince de sang-mêlé*, de David Yates, 2009.

Secret n° 1

RÉGLER SES COMPTES AVEC SON BOURREAU

« Sais-tu à quel point ces tyrans craignent les peuples qu'ils oppressent ? Chacun d'eux sait très bien qu'un jour, parmi ses nombreuses victimes, il y en aura forcément une qui se lèvera et frappera à son tour ! »

DUMBLEDORE À HARRY, *HARRY POTTER ET LE PRINCE DE SANG-MÊLÉ*, (LIVRE).

Vernon et Pétunia Dursley sont décrits comme des personnes ordinaires, qui vivent dans un endroit ordinaire. Quand on ne sait pas que Pétunia et Lily Evans sont sœurs, il est impossible d'imaginer que la famille Potter et la famille Dursley ont un quelconque lien. Pourtant, les deux couples ont eu chacun un bébé, un petit garçon, quasiment au même moment. Cette histoire d'enfant maltraité au sein de sa propre famille renvoie aux contes classiques de parents maltraitants (le Petit Poucet abandonné en pleine forêt avec ses frères et sœurs, Cendrillon réduite en esclavage ou encore Blanche-Neige chassée de la maison...) en inscrivant ainsi le récit dans un schéma traditionnel.

Tout au long de la saga, on ne tient finalement que peu compte du fait que Harry a été maltraité dans son enfance et qu'il n'a pas de famille vers qui se tourner. Il ne connaît que très peu d'éléments de la vie de famille des sorciers, mais il ne connaît pas non plus la vie de famille des Moldus.

Les Dursley ne sont pas des parents maltraitants avec leur fils Dudley, mais ils démontrent un dysfonctionnement parental : complètement gagas devant leur enfant, ils ne lui mettent aucune limite, se plient en quatre pour lui et cèdent au moindre de ses caprices. Rétrospectivement, Dudley aurait pu devenir un adulte beaucoup plus désagréable qu'il ne l'est devenu. Le comportement parental de Vernon et Pétunia est poussé à l'extrême pour faire ressortir encore plus la méchanceté dont ils font preuve envers Harry. Cette méchanceté a commencé par la jalousie de Pétunia envers sa sœur, qui possédait un don qu'elle n'avait pas. C'est une histoire de famille somme toute classique ; les relations dans les fratries sont très souvent compliquées : pleines d'amour, d'admiration, mais aussi de beaucoup de rancœur et de jalousie. La méchanceté a été attisée par Vernon, qui déteste tout ce qui sort de l'ordinaire et des normes pour venir contrarier son quotidien.

Le destin de Harry aurait été tout autre si les Dursley l'avaient recueilli dans des conditions correctes et normales mais Harry, en plus de constater chaque jour les traitements de faveur reçus par son cousin, a dû supporter pendant des années les nombreuses humiliations, les maltraitances et les invectives.

Il a grandi sans amour, sans attention, sans encouragement aucun. Il est devenu « le petit garçon du placard sous l'escalier », et malgré les années qui passent, même longtemps après avoir coupé les liens avec Privet Drive, Dumbledore a du mal à le voir autrement.

Dans *Harry Potter et les Reliques de la Mort*[1], on peut voir Harry devenu adulte qui jette un dernier

---

1. J. K. Rowling, *Harry Potter et les Reliques de la Mort*, 2007.

coup d'œil au Privet Drive, en s'attardant sur le placard sous l'escalier. C'est alors la dernière page de son enfance qui se tourne.

Pétunia et Vernon ont tout fait pour rayer la magie de leur vie, et par extension de la vie de leur fils et de leur neveu : Harry doit attendre l'arrivée de Hagrid pour que l'existence même de Poudlard lui soit révélée. C'est une porte de sortie inespérée pour un petit garçon orphelin maltraité que de savoir qu'un autre monde parallèle existe et qu'il y est attendu en héros.

La trahison que Harry ne supportera pas et qui le fera exploser est le mensonge autour du décès de ses parents : les faire mourir dans un accident de voiture était un scénario bien plus simple à dicter pour les Dursley qui leur permet de ne pas parler de la magie. Mais pour Harry, c'est faire mourir ses parents une deuxième fois.

Toute son enfance, Harry a subi les humiliations et brimades de son oncle et de sa tante, a grandi entouré de mensonges mais il n'a jamais rien osé dire. Harry était habitué à « faire comme s'il n'existait pas ». Petit à petit, en grandissant, la méfiance et la soumission dont il faisait preuve à leur égard font place au mépris et à la colère. Le point de non-retour est atteint lors de la scène avec la tante

Marge, archétype de l'Anglaise conservatrice et acariâtre : celle-ci va critiquer vertement James et Lily Potter. Harry n'est alors plus un petit garçon : il a grandi, il a déjà mis un pied dans sa nouvelle vie à Poudlard et commence à comprendre qu'il y a des choses qu'il a vécues qui ne sont pas normales. Il ne peut plus tolérer ce qu'il acceptait quand il était enfant et a besoin de poser ses trop lourdes valises pour pouvoir avancer et grandir. Physiquement, sa carrure s'est développée.

Non seulement il règle son compte à la tante Marge en l'envoyant dans les airs, mais il tient tête à l'oncle Vernon : il l'empêche de s'en prendre à lui physiquement comme il le faisait jadis – « Ne t'approche surtout pas de moi » – et s'enfuit du 4, Privet Drive malgré les menaces – « Ça m'est égal, rien ne peut être pire qu'ici[2]. »

Cette étape marque le gain de maturité du jeune homme en le plaçant sur un pied d'égalité avec Vernon. Des paroles qui se révèlent salvatrices pour Harry : enfin il a pu verbaliser tout ce qu'il avait accumulé contre les Dursley et partir plus serein.

---

2. *Harry Potter et le Prisonnier d'Azkaban*, d'Alfonso Cuarón, 2004.

À l'action !

Vous avez peut-être identifié que les blessures d'enfance que vous avez reçues se cristallisent autour d'une ou de quelques personnes. Si vous pensez à quelqu'un et que vous n'avez pas envie de le voir, que vous ne souhaitez pas lui faire partager votre vie, que vous ne supportez même pas sa présence physique à vos côtés, il y a des chances pour que cette personne ait contribué à « abîmer » votre enfance.

Vous êtes désormais adulte, et comme Harry avec Vernon, vous jouez d'égal à égal : le rapport de domination et de peur qui était en place jusqu'à présent doit s'arrêter de fonctionner. Si vous espérez pouvoir changer cette personne, ou si le lien qui vous unit compte plus pour vous malgré tout, vous pouvez simplement mettre de la distance entre elle et vous. Vous pouvez lui dire de façon très claire que la façon dont elle s'est comportée avec vous vous a déçu, que vous ne pouvez plus lui faire confiance, ou que vous avez besoin de vous éloigner un peu. Si vous sentez que la présence de cette personne vous pèse plus qu'elle ne vous apporte, qu'elle vous contrarie, qu'elle vous oppresse, vous pouvez aussi vous autoriser à couper les ponts. Vous êtes adulte, c'est maintenant à vous de décider pleinement de votre vie et de qui peut en faire partie.

L'erreur à ne pas faire

Se forcer à subir quelqu'un qui vous fait du mal.

Le mantra du philosophe

« L'histoire d'une vie est toujours l'histoire d'une souffrance. »

SCHOPENHAUER[3]

---

3. Schopenhauer, *Le Monde comme volonté et comme représentation*, 2009.

Secret n°2

SE RAPPELER LES BONS MOMENTS

« Quelques instants plus tard, Dubois, toujours en larmes, tendait la coupe à Harry. Si seulement un Détraqueur avait pu apparaître en cet instant... Harry aurait certainement produit le plus magnifique Patronus qu'on ait jamais vu... »

***HARRY POTTER ET LE PRISONNIER D'AZKABAN*, (LIVRE).**

James et Lily Potter ont un statut particulier dans la saga Harry Potter : bien qu'absents dans la temporalité du récit, ils sont omniprésents.

Leur présence se fait de plus en plus pressante à mesure que l'intrigue autour de l'Ordre du Phénix grandit. Le lien entre Lily et son fils est distillé dans chaque tome grâce à leur ressemblance physique : « Vous avez les yeux de votre mère » est le fil rouge, une sorte de ritournelle que chaque personnage qui interagit avec Harry lui répète[1]. Lily Potter, née Evans, est l'exact opposé de Pétunia Dursley, bien qu'elles soient sœurs. À travers le récit de Pétunia lorsque Hagrid vient pour la première fois chercher Harry[2], on sent toute la jalousie et la rancœur de Pétunia envers « sa merveilleuse sœur » « tout aussi bizarre » que son mari James.

Harry a beau n'avoir connu ses parents que quelques mois, il y est très attaché et souffre de leur absence. Les quelques moments heureux qu'il a en mémoire sont des bribes de souvenirs à *Godric's Hollow*. Ce sont des souvenirs reconstitués, vestiges de récits de récits, réactivés grâce aux artifices mémoriels présents dans le monde des sorciers, comme la Pensine ou le Miroir du Riséd. Celui qui se présente devant le Miroir du Riséd

1. Voir notamment les répliques de Sirius Black dans *Harry Potter et le prisonnier d'Azkaban* (1999) et celles de Severus Rogue dans *Harry Potter et les Reliques de la Mort* (2007).
2. *Harry Potter à l'école des sorciers*, de Chris Columbus, 2001.

verra son désir le plus profond s'y refléter : alors que Ron se rêve en tant que Préfet, le Miroir du Riséd dans le film représente Harry simplement entouré de ses parents. Un bonheur accessible à la majorité, tellement simple qu'on ne s'en rend plus compte de son importance.

Dans le monde de Poudlard, le temps est une notion fluctuante : on peut modifier les limites de l'espace-temps, on peut se jouer de la mémoire et des souvenirs. De nombreux sortilèges permettent d'effacer un mauvais souvenir, de se remémorer de bons moments, de mettre de côté un événement important. Le sortilège d'Amnésie donne lieu à une scène très émouvante dans la maison d'Hermione : pour protéger ses parents des attaques de Voldemort, elle décide de faire une croix sur son existence de Moldue et s'efface de leur vie en leur jetant ce sortilège. Harry, lui, choisit de faire face à tous ses souvenirs, d'affronter les moins bons et de chérir les plus doux.

Se remémorer les bons souvenirs ne permet pas uniquement à Harry de passer des moments moins difficiles : cela va le protéger. Faire appel aux souvenirs de ses parents va aider Harry à pouvoir réaliser un des sortilèges les plus difficiles, le sortilège du Patronus. Le sortilège du Patronus n'est accessible qu'à une poignée de sorciers, qui sont capables par une grande introspection de faire jaillir du plus profond d'eux-mêmes des forces positives. Les Patronus peuvent prendre différentes apparences animales. Le Patronus de Harry est le même que celui de son père, un cerf, lui-même lié à celui de Lily Potter, une biche. Avoir des Patronus liés par leur forme est le signe d'un très grand amour. Le couple des Potter n'existe plus à cause de Voldemort, mais par leurs pouvoirs de sorciers et par la force de leur amour, ils ont réussi à la faire perdurer, à la reconstituer, à travers leurs Patronus. Dans *Harry Potter et les Reliques de la Mort*[3], Harry et Hermione se rendent au cimetière de Godric's Hollow et y découvrent l'épitaphe des Potter: «Le dernier ennemi qui sera détruit, c'est la mort». Il semblerait qu'ils y soient parvenus.

---

3. J. K. Rowling, *Harry Potter et les Reliques de la Mort*, 2007.

À l'action !

Notre mémoire est sélective, c'est un disque dur en perpétuelle mise à jour : elle classe, trie, efface ce qui est anecdotique, rapproche les éléments similaires, supprime les fichiers inutilisés… Pour ne pas vivre dans le trauma permanent, il est important que les mauvais souvenirs ne prennent pas le pas sur les bons moments. Marcel Pagnol disait : « Telle est la vie des hommes, quelques joies très vite effacées par d'inoubliables chagrins[4]. »

Il faut au contraire se battre pour faire que les joies prennent plus de place que les chagrins : garder à portée de main les bons souvenirs et les réactiver régulièrement, par des pêle-mêle de photos ou des objets symboliques conservés comme des petits trésors (tickets de cinéma, coquillages ramassés sur la plage…). Des petits moments de bilans réguliers, comme des routines de bonheur, peuvent aider à se sentir mieux : par exemple, refaire chaque soir le fil

4. M. Pagnol, *Le Château de ma mère*, Pastorelly, 1957.

de sa journée en identifiant trois moments où on s'est senti bien, où l'on a vécu ou partagé un bon moment. Il est également nécessaire d'être sensible aux petits bonheurs qu'offre le quotidien, en se concentrant sur l'instant présent : les plaisirs simples de la vie, comme une bonne pâtisserie, une fleur qui éclot, un oiseau qui s'envole sont autant d'éléments qui nous rappellent que nous ne sommes qu'un petit être parmi l'immensité qui nous entoure. Prendre ces moments pour les graver dans sa mémoire, en insistant sur la mémoire sensorielle, permettra de retrouver ces sensations lorsque de mauvaises pensées vont ressurgir.

L'erreur à ne pas faire

Ressasser ses souvenirs et les déformer.

Secret n° 3

NE COMPTER QUE SUR SOI-MÊME

« Tout est possible du moment qu'on a assez de cran. »

GINNY, *HARRY POTTER ET L'ORDRE DU PHÉNIX*, (FILM).

Harry, par son vécu, a été habitué à grandir plus vite que les autres jeunes de son âge et à ne compter que sur lui-même. Mais ce qui aurait pu être un handicap est devenu sa force : il a réussi à renverser la vapeur et, plutôt que de souffrir de cette solitude et de se lamenter sur son sort, il a mis au point la stratégie opposée en continuant de garder la tête haute. Une scène saisissante est l'anniversaire de Harry, dans le premier tome de la saga : son cousin Dudley, dont l'anniversaire précède celui de Harry de peu, a croulé sous les cadeaux ; ses parents lui ont organisé la fameuse sortie au zoo et se sont pliés en quatre pour lui, encore plus que d'habitude. Harry quant à lui, n'a même pas eu un seul présent ou un simple « joyeux anniversaire ». Mais plutôt que d'être abattu, le film le représente se dessinant un faux gâteau dans le sable et soufflant de fausses bougies en se souhaitant lui-même un bon anniversaire. Cette scène provoque pour le spectateur des sentiments ambivalents : d'une part, un mélange d'injustice, de tristesse et de rage qui donne envie de protéger celui qui n'est encore qu'un enfant mais également beaucoup d'empathie, d'admiration et d'espoir pour la force d'esprit et l'indépendance dont Harry fait déjà preuve. Harry illustre avant l'heure le propos du professeur Dumbledore : « On peut trouver le bonheur même dans les moments les plus sombres. Il suffit de se souvenir d'allumer la lumière[1]. »

Tout au long de la saga, et malgré la forte amitié qui le lie à Ron et à Hermione, malgré les professeurs bienveillants qui l'entourent et la place spéciale qu'il occupe au sein de la famille Weasley, Harry est bien seul. Il éprouve des choses que même ses amis ne peuvent pas comprendre, il se sent à part ; il n'avait jamais reçu de présents pour Noël, ne

---

1. *Harry Potter et le Prisonnier d'Azkaban*, d'Alfonso Cuarón, 2004.

reçoit pas de courrier. Quand le courrier passe et que chaque élève reçoit des nouvelles de sa famille, des présents ou même des Beuglantes, Harry se retrouve à emprunter le journal. Cette mélancolie, cette solitude d'abord subie puis choisie, permet cependant à Harry de prendre de la hauteur et de se placer en fin observateur : il peut ainsi analyser les faits et reconstituer les événements. Il ne partage d'ailleurs pas systématiquement tous les éléments qu'il a en sa possession avec Ron ou Hermione. Il souffre de solitude, Hermione et Ron lui manquent terriblement dès qu'il s'absente, mais il a en même temps besoin de certains moments seul car il a grandi comme cela. Cela sera en fin de compte un atout dans sa quête jusqu'aux Reliques de la Mort.

Au départ, Harry a une très faible estime de lui-même. Grâce à son arrivée à Poudlard, il commence à prendre confiance en lui, il se rend compte qu'il a des qualités et des capacités, notamment au Quidditch. Le décès de ses parents et l'enfance chez les Dursley ne lui ont pas permis de grandir au sein d'un foyer aimant sur lequel s'appuyer, contrairement à la plupart de ses camarades. Les personnages du récit qui, comme Harry, ont souffert dans leur enfance et appris à ne compter que sur eux-mêmes, sont Rogue et Tom Jedusor. Ils ont eu tous les deux, chacun à leur manière, un destin particulier fait d'abandon et de solitude... Harry a en lui une force de caractère, il fait preuve d'un calme stoïcien. Les épreuves qu'il a traversées lui ont permis de s'endurcir afin d'être plus résistant au malheur. Il a appris à contrôler ses sentiments et à ne pas agir sous le coup des émotions ou de la colère. Cette force de caractère a dû manquer à d'autres protagonistes : Rogue n'a pas su se libérer et devenir indépendant, il n'a eu de cesse de s'appuyer sur les autres (sur Lily, sur Voldemort, sur Dumbledore) et n'est resté qu'un éternel second. Tom Jedusor, lui, a accepté de ne compter que sur lui-même mais a pris le pli inverse à l'extrême, en se voulant plus fort que tous.

Si Harry a pu grandir si vite et devenir indépendant, c'est aussi grâce à quelques personnes de son entourage proche : d'abord, Dumbledore et McGonagall qui choisissent de le déposer chez les Moldus pour l'écarter de Voldemort et lui épargner d'être trop exposé (« Vous croyez vraiment qu'il est prudent de la confier à des gens pareils ? » « C'est la seule famille qu'il lui reste. [...] Il vaut mieux pour lui qu'il grandisse à l'écart de tout cela[2]. ») Ensuite, Rogue qui lui apprendra à contrôler sa force et sa rage, à dompter ses émotions pour laisser plus

2. *Harry Potter à l'école des sorciers*, de Chris Columbus, 2001.

de place à l'introspection et faire ressortir une énergie positive: « Les idiots qui portent fièrement leur cœur en bandoulière [...] – les gens faibles, en d'autres termes – n'ont aucune chance de résister à ses pouvoirs[3] ! »

Harry se rend vite compte, dès son premier contact au Chaudron Baveur ou dans le Poudlard Express, que dans le monde des sorciers tout est inversé: les gens le reconnaissent, veulent lui parler, l'admirent. Il passe en quelques jours du statut d'anonyme délaissé à celui de célébrité. Pour autant, cela ne lui monte pas à la tête. Le fait d'avoir grandi seul et de ne rien attendre de personne contribue certainement au détachement dont il fait preuve. Il regarde souvent l'agitation qu'il provoque avec beaucoup de recul: dans les films, il répète comme pour s'en persuader « Je suis Harry... Juste Harry... ». Il n'a aucun attrait pour la célébrité et est plutôt méprisant envers ceux qui s'y frottent, comme Gilderoy Lockhart, Rita Skeeter ou encore Horace Slughorn. Il utilise d'ailleurs, avec l'aide de Dumbledore, sa célébrité pour avoir accès à Horace (« Tu es talentueux, célèbre et puissant, tout ce qu'Horace apprécie »), comme s'il était un appât. « Tu seras le clou de sa collection ! » lui dit

3. J. K. Rowling, *Harry Potter et l'Ordre du Phénix*, 2003.

Dumbledore dans *Harry Potter et le Prince de sang-mêlé*[4].

Si Harry n'a pas le sentiment d'être une pierre précieuse, il est en revanche certain qu'il est un solitaire.

---

4. J. K. Rowling, *Harry Potter et le Prince de sang-mêlé*, 2005.

À l'action !

Un des principaux signes des personnes ayant vécu une enfance chaotique est qu'ils ne peuvent que compter sur eux-mêmes : pas de fêtes de cousinades, de grandes tablées à Noël, de mariage en grande pompe… Si c'est votre cas, vous devez certainement vous sentir esseulé, comme si vous étiez doublement puni. Pour autant, être indépendant est une grande force : tout ce que vous possédez, vous le devez uniquement à vous. Cela démontre une grande force de caractère et d'indépendance. Que ce soit pour des petits gestes du quotidien (monter un meuble, aller chercher un recommandé, planter des rosiers) ou des actes plus importants (un entretien d'embauche, un mode de garde conclure un achat immobilier), vous êtes le capitaine de votre propre bateau et cette liberté n'a pas de prix. Vous n'avez que votre avis à prendre en compte. À l'heure où tout se trouve sur les réseaux sociaux dans la minute, il est salutaire de conserver une part d'intimité et d'autonomie pour se ressourcer.

L'erreur à ne pas faire

Espérer que les autres
se comportent aussi bien que nous.

Le mantra du philosophe

« Ce n'est pas
parce que les choses
sont difficiles que
nous n'osons pas,
c'est parce que
nous n'osons pas
qu'elles sont difficiles. »

SÉNÈQUE[5]

5. Sénèque, *Lettres à Lucilius*, XVII, 104, vers 63-64.

Secret n°4

NE PAS SE LAISSER ALLER DU CÔTÉ DES FORCES DU MAL

« *Qui donc aurait songé à établir un lien entre Voldemort et ce garçon si intelligent, si séduisant qui avait été préfet-en-chef de Poudlard ?* »

DUMBLEDORE À HARRY, *HARRY POTTER ET LA CHAMBRE DES SECRETS*, (LIVRE).

Il existe de nombreuses similitudes entre l'enfance de Harry Potter et celle de Tom Jedusor : les deux ont subi un traumatisme dans leur petite enfance (le décès de leurs parents, l'abandon de la société, des conditions de vie lugubres). Dès le premier tome, les ressemblances se dévoilent, avec le fait que

Harry maîtrise le Fourchelang sans l'avoir appris. Harry a identifié très rapidement le camp des « bons sorciers » et des « mauvais sorciers ». Ron lui précise même, juste après que le Choixpeau a envoyé Drago Malefoy à Serpentard, que « tous les sorciers et sorcières qui ont mal tourné étaient à Serpentard[1] ». Même le Choixpeau indique à Harry qu'il est difficile de savoir d'emblée dans quelle maison le placer et que Serpentard l'aiderait à « avancer sur le chemin de la grandeur[2] ». Harry souhaite tellement fort ne pas aller à Serpentard que le Choixpeau l'envoie à Gryffondor. C'est la force d'esprit de Harry qui détermine son avenir au sein de Poudlard. Il parvient à dompter ses démons et à ne pas se laisser aller du côté des ténèbres, du côté des forces du Mal, de la ruse et de l'ambition négative. On pourrait se demander quel chemin aurait pris le récit si Harry Potter avait en réalité été envoyé à Serpentard.

Plus le récit avance, plus la ressemblance entre Harry Potter et Tom Jedusor se fait importante. Dumbledore a tenté de venir en aide aux deux enfants, Harry et Tom ; mais il n'a malheureusement pas pu aider Tom qui était déjà trop loin dans la magie noire. Dumbledore l'a bien saisi, c'est

---

1. *Harry Potter à l'école des sorciers*, de Chris Columbus, 2001.
2. *Ibid.*

pourquoi il rassure Harry quand celui-ci commence à douter de lui et à faire des liens entre leurs deux histoires de vie : « Ce ne sont pas vos ressemblances qui comptent, Harry, ce sont vos différences[3]. » C'est comme si Harry et Tom étaient deux faces d'une même pièce, deux versions possibles d'une même histoire, deux versions d'une seule personne. Tom Jedusor est le côté pile de Harry Potter, ce qu'il aurait pu devenir s'il s'était laissé aller à ses démons et si Dumbledore ne l'avait pas mis sur le bon chemin. Leur confrontation est très intense et Tom alias Voldermort tente de l'attirer à lui, de le posséder dans leur affrontement final (« J'ai lu dans ton cœur, et ton cœur est mien[4]. »). Mais le pouvoir d'attraction de Voldemort, qui fonctionne habituellement chez les autres sorciers, comme sur Bellatrix Lestrange ou sur Lucius Malefoy, est sans aucune efficacité sur Harry.

Le destin de Harry et de Voldemort n'évolue pas de façon parallèle : ce sont bien deux personnes liées malgré elles qui s'attirent comme des forces contraires. Ce lien entre eux est indéfectible : Voldemort est le bourreau de Harry et il lui

---

3. *Harry Potter et l'Ordre du Phénix*, de David Yates, 2007.
4. *Harry Potter et les Reliques de la Mort, partie 2*, de David Yates, 2011.

a laissé une trace indélébile, la cicatrice qui lui permet d'entrer en connexion avec l'esprit de Voldemort. Le chemin de résilience de Harry est tortueux car cette cicatrice lui rappelle sans cesse son premier malheur; elle est indissociable de lui. Harry parviendra, par sa force d'esprit, à maîtriser les connexions qui passent entre Voldemort et lui par l'intermédiaire de cette cicatrice, et surtout à les dompter. L'amour profond de sa mère, qui l'a protégé en s'interposant, aidera Harry à y parvenir. C'est une différence fondamentale entre Tom et lui.

Dumbledore n'est pas le seul qui aide Harry à ne pas se laisser happer par les forces du Mal: Sirius Black joue également un rôle important auprès de lui en le questionnant à plusieurs reprises sur le bien et le mal, dans le monde des sorciers et de façon plus générale. Sirius lui rappelle qu'il n'est pas quelqu'un de mauvais mais «quelqu'un de bon à qui il est arrivé de mauvaises choses[5]». Il ne veut pas que Harry se laisse définir uniquement par ses traumatismes. Il l'accompagne sur le chemin non pas de la rédemption, mais de l'acceptation et de la résilience.

---

5. *Harry Potter et l'Ordre du Phénix*, de David Yates, 2007.

À l'action !

Lorsque l'on a subi des difficultés, des injustices, voire des traumatismes dans son enfance, il peut paraître logique de ne savoir faire que des choses négatives et distribuer le mal autour de soi. Il est important de se battre contre cette assignation et de chercher au contraire à renverser la vapeur et à répandre le bien autour de soi. Ne ruminez pas le passé, ne cherchez pas à redistribuer les coups reçus. Gardez toujours les principes, la ligne de conduite que vous vous êtes fixée pour tenir le cap : respectez-vous, respectez les autres, ne jugez pas, cherchez toujours à devenir une meilleure version de vous-même.

L'erreur à ne pas faire

Ruminer le passé et faire de l'adage
« œil pour œil, dent pour dent »
sa devise.

Secret n° 5

ASSUMER SES CICATRICES

« Les cicatrices sont parfois utiles.
Moi-même, j'en ai une au-dessus
du genou gauche, qui représente
le plan exact du métro de Londres. »

DUMBLEDORE AU PROFESSEUR McGONAGALL,
***HARRY POTTER À L'ÉCOLE DES SORCIERS*, (LIVRE).**

Il y a un élément caractéristique de Harry Potter, bien plus que sa baguette magique ou que ses lunettes : c'est sa cicatrice. Le tracé en trois coups est reconnaissable entre mille et représente une sorte de signe de ralliement instantané de tous les fans de *Harry Potter*. Cette cicatrice est l'essence même du jeune homme, elle résume en elle seule toute l'histoire de la saga : lors de sa première rencontre avec Ron dans le Poudlard Express, le film présente un Harry plutôt fier et content de la montrer, tandis que Ron est impressionné, presque intimidé. On dirait que Harry ne mesure pas encore l'importance de cette marque et surtout des circonstances dans lesquelles il l'a reçue. Certains disent que le tracé de la cicatrice évoque une ancienne rune, qui serait le symbole de la victoire et de la protection.

Peu à peu, la cicatrice va révéler son importance : quand Celui-Dont-On-Ne-Doit-Pas-Prononcer-Le-Nom se rapproche ou que Harry est perturbé, sa cicatrice lui fait mal. Elle agit comme un symptôme de *trigger warning* ou traumavertissement : ce que ressentent les gens ayant subi des traumatismes psychologiques que des stimuli peuvent raviver à l'âge adulte. C'est ce que ressent Harry quand Voldemort est proche de lui.

La cicatrice de Harry lui permet d'être vigilant : elle attire son attention lors des moments charnières : elle le prévient du danger imminent. Sa cicatrice agit comme une sorte de signal d'alarme, de Jiminy Cricket, la conscience de Pinocchio. C'est un porte-bonheur matérialisé qui le remet dans le droit chemin.

Imaginer Harry Potter sans sa cicatrice est impossible. C'est ce qui lui permet d'être identifié comme tel, ce qui lui offre son statut.

La cicatrice de Harry est comme son Yin-Yang : c'est ce qui lui permet d'être identifié, d'être célèbre ; et en même temps c'est ce qui renferme son drame, qui lui rappelle sans cesse la mort de ses parents et son terrible destin, lequel sera scellé à la fin du tome 7 : Harry ne sait pas qu'il doit mourir pour vaincre Voldemort. Harry est marqué au fer rouge par son histoire et ne peut pas s'en défaire. Il porte en lui à la fois sa gloire et son désespoir. « C'est pour ça que tu es célèbre. Tu es le garçon qui a survécu... » lui dit Hagrid au Chaudron Baveur[1]. Comme tous les héros, Harry a sa part d'ombre en lui : le fait d'être un Horcruxe, c'est-à-dire de renfermer un morceau de l'âme de Voldemort, est sa part de négativité subie.

La cicatrice de Harry n'est pas que physique, elle est aussi la source de ses angoisses. Dumbledore, comme toujours, accompagne Harry dans son cheminement. Par ses mots, il le rassure et l'oriente dans la bonne direction : « Ta mère est morte pour

1. *Harry Potter à l'école des sorciers*, de Chris Columbus, 2001.

te sauver la vie. S'il y a une chose que Voldemort est incapable de comprendre, c'est l'amour. Il ne s'est jamais rendu compte qu'un amour aussi fort que celui que ta mère avait pour toi laisse sa marque. Pas une cicatrice, ou un signe visible... Avoir été aimé si profondément te donne à jamais une protection contre les autres, même lorsque la personne qui a manifesté cet amour n'est plus là[2]... ».

---

2. J. K. Rowling, *Harry Potter à l'école des sorciers*, 1997.

À l'action !

Les cicatrices sont comme des trophées : elles permettent de se remémorer des événements marquants de notre vie, qui sont constitutifs de notre histoire. Ces événements peuvent être doux, comme les cicatrices de naissance d'un enfant, ou peuvent renfermer des souvenirs douloureux. Nous ne sommes pas des êtres de plastique ou de technologies numériques, nous sommes des êtres de chair et de sang, avec des vies en mouvement. Les cicatrices permettent de raviver les sentiments, les émotions ressenties, ou au contraire de les assimiler, de les intégrer pour vivre en paix avec.

! L'erreur à ne pas faire

Vouloir se dissimuler,
chercher à être quelqu'un d'autre.

....

Secret n°6

NE PAS CRAINDRE LA MORT

« C'est l'inconnu qui nous fait peur quand nous contemplons la mort ou l'obscurité, rien d'autre. »

DUMBLEDORE À HARRY, *HARRY POTTER ET LE PRINCE DE SANG-MÊLÉ*, (LIVRE).

La thématique de la peur de la mort est omniprésente dans Harry Potter. Il a dès le début une pression excessive : c'est le garçon qui a survécu et sa cicatrice l'a marqué à jamais en ce sens. Même si Harry a déjà été exposé à la mort dans sa plus petite enfance avec le décès de ses parents, c'est la mort de Cedric Diggory qui change radicalement son rapport à la mort. Harry est sidéré par la disparation de son camarade, il culpabilise aussi beaucoup, étant la cible visée initialement (« *Tue l'autre*[1] », ordonne Voldemort lors de l'affrontement). Il enchaînera alors les décès qui vont le marquer : la mort de Sirius Black, la mort de Hedwige, la mort de Dobby… Chacune de ces disparitions lui permettra paradoxalement d'être plus fort et d'en sortir grandi, comme s'il avait dû se préparer pour le final.

Harry s'est accoutumé à ne plus avoir peur de la mort, comme Hermione le recommande : « La peur d'un nom ne fait qu'accroître la peur de la chose elle-même[2]. » Cette phrase s'applique à Voldemort, à toutes les choses terrifiantes se rapportant aux forces du Mal, mais également à la mort. Harry et Dumbledore sont parmi les rares personnes qui nomment Tom Jedusor : en lui redonnant son nom de baptême, son nom d'enfant, Dumbledore refuse de le reconnaître comme le monstre qu'il s'est créé. En l'appelant Tom, il n'est plus le célèbre Voldemort, maître des Ténèbres, mais un simple individu parmi d'autres. Cette phrase évoque aussi la doctrine de *Star Wars* : « La peur est le chemin vers le côté obscur : la peur mène à la colère, la colère mène à la haine, la haine… mène à la souffrance. »

---

1. J. K. Rowling, *Harry Potter et la Coupe de feu*, 2000.
2. J. K. Rowling, *Harry Potter à l'école des sorciers*, 1997.

Harry est en quelque sorte un super Horcruxe : les sorciers qui tuent une personne divisent leur âme en deux et en déposent une partie dans un Horcruxe. Harry qui fait face à la mort devient chaque fois plus fort. Il s'approche en cela de Dumbledore qui va, lui, jusqu'à planifier sa propre mort.

La scène de la mort de Dumbledore est mythique : Drago est transi de peur, il sait que c'est Dumbledore ou lui : « Il faut que je vous tue, ou il me tuera[3]. » Ce n'est d'ailleurs pas un hasard si l'animal fétiche de Dumbledore est le phénix, l'animal qui renaît sans cesse de ses cendres. Dumbledore était de toute façon déjà invincible avant de mourir. Pour Dumbledore, qui s'y est déjà brûlé les ailes dans sa jeunesse, les Reliques de la Mort sont dans le conte éponyme un « rêve que poursuit l'homme avec acharnement », tandis que pour Harry, elles sont bien réelles.

Dumbledore aide Harry à se détacher de la mort et des morts : « N'aie pas pitié des morts, Harry. Aie plutôt pitié des vivants et surtout de ceux qui vivent sans amour[4]. » Quand Harry est bouleversé

---

3. *Harry Potter et le Prince de sang-mêlé*, de David Yates, 2009.
4. J. K. Rowling, *Harry Potter et les Reliques de la Mort*, 2007.

par la mort de Sirius, Dumbledore le rappelle à la raison, tente de le faire rationaliser: « Harry, souffrir ainsi prouve que tu es toujours un homme! Cette douleur fait partie de l'être humain[5]... » Il lui dit en quelque sorte qu'il est un être de chair et de sang, qui ressent des émotions, et que c'est cela qui définit son humanité, et l'oppose aux défunts et aux mauvais sorciers. « ALORS – JE – NE – VEUX – PAS – ÊTRE – HUMAIN ! » est la réponse de Harry. Contrairement à Drago, il ne veut pas se laisser déborder par ses émotions, il veut rester maître de la situation. N'oublions pas que Harry a été habitué depuis sa petite enfance à cacher sa souffrance, à ne pas verbaliser ses émotions. Dumbledore l'habitue, le conditionne petit à petit à accueillir ses sentiments, qu'ils soient positifs ou négatifs, pour mieux les apprivoiser et les réguler.

Harry décide qu'il doit rassembler les trois Reliques de la Mort pour en finir avec Voldemort. Il quitte même Poudlard pour se lancer dans sa quête: c'est le choix de la maturité, du destin. Il finit par détenir les trois Reliques: la Cape d'Invisibilité, la Baguette de Sureau et la Pierre de Résurrection. Paradoxalement, c'est celui qui ne craint pas la mort qui en devient le maître.

---

5. J. K. Rowling, *Harry Potter et l'Ordre du Phénix*, 2003.

À l'action !

Rares sont les personnes qui ont un destin à la Harry Potter, avec une quête fantastique à mener pour préserver l'humanité. Mais nous avons tous, chacun à notre niveau, des petites batailles quotidiennes à mener, que ce soit dans notre sphère privée, dans notre entourage, dans notre vie professionnelle ou encore au plus profond de nous-mêmes. Regardez les choses en face et prenez chaque difficulté comme un obstacle de plus à franchir. Agissez sans peur et sans vanité, avec lucidité et détermination. Robin Williams, acteur américain qui a combattu la maladie de Parkinson durant de nombreuses années, disait : « Chaque être humain mène un combat intérieur dont nous ne savons rien. » Cela amène à de la bienveillance envers soi-même mais également envers les autres.

L'erreur à ne pas faire

S'avouer vaincu avant même
d'avoir livré bataille.

Le Mantra du philosophe

« Qui craint de souffrir, souffre déjà. »

MONTAIGNE[6]

---

6. Montaigne, *Essais*, III.

Secret n° 7

CULTIVER SES DONS

« À Harry James Potter
– Harry sentit une soudaine excitation
lui contracter les entrailles –,
je lègue le Vif d'or qu'il a attrapé
lors de son premier match
de Quidditch à Poudlard,
pour lui rappeler ce que la persévérance
et le talent apportent de récompenses
et de bienfaits. »

TESTAMENT DE DUMBLEDORE, *HARRY POTTER ET LES RELIQUES DE LA MORT*, (LIVRE).

Harry vit les premières années de sa vie sans savoir qu'il a un don particulier, celui de la magie. Il s'en rendra compte peu de temps avant d'aller à Poudlard, lors de la mythique scène de la sortie au zoo : Harry se confie au serpent et se rend compte qu'il parle Fourchelang et que ce qu'il souhaite très fort peut se réaliser. Lui qui a été jusque-là réduit à un moins que rien se découvre des aptitudes et des dons dans le domaine de la magie, dont il ne soupçonnait pas l'existence jusqu'alors.

De nombreux psychologues[1], Boris Cyrulnik en tête, se sont penchés sur le thème de la résilience, qui se résume au fait de parvenir à se reconstruire socialement après un traumatisme. Durant l'enfance de Harry auprès des Dursley, il a clairement été en situation de maltraitance, de carence affective et éducative. Pour autant, Harry a réussi à grandir malgré tout, à s'épanouir et à dépasser ses angoisses. On sait maintenant, grâce aux neurosciences et à l'étude d'imageries cérébrales, que l'on ne peut pas apprendre lorsque l'on se trouve en situation de peur. Des sujets soumis à la peur ou à la contrainte dans leur enfance peuvent parfois développer des réactions impulsives ou des blocages

1. Rendez-vous à la page 189 pour découvrir une liste d'ouvrages vous permettant d'aller plus loin dans votre réflexion !

des années après, quelquefois jusqu'à l'âge adulte. Harry a réussi à annuler le négatif ancré en lui depuis son enfance, mais surtout à le transformer en une énergie positive en développant son don pour la magie. Tel un boxeur tombé au combat, il se relève encore et encore.

Par ses parents et son histoire, on imagine que Harry avait déjà des aptitudes pour la sorcellerie en lui. Il y a d'ailleurs plusieurs signes prophétiques qui confirment que Harry « est appelé à faire de grandes choses[2] », comme le lui indique Mr Ollivander lors du choix de sa baguette. Mais quelle est la part de l'inné et de l'acquis dans ses capacités ? Avoir des parents sorciers ne garantit pas d'être un sorcier soi-même (c'est le cas des « Cracmols ») et un sorcier peut être enfant de parents moldus (c'est le cas des « nés-Moldus »). Cela garantit que tout ne peut pas venir de la naissance, tout n'est pas dû directement : on peut laisser une chance au destin, comme une sorte de sélection naturelle ou d'examen de passage.

Harry avait donc certainement ce don pour la magie en lui, mais il l'a aussi développé à Poudlard. L'école a pour objectif d'inculquer aux élèves des

---

2. *Harry Potter à l'école des sorciers*, de Chris Columbus, 2001.

valeurs, de leur transmettre des connaissances et surtout de développer leurs capacités d'apprentis sorciers. Harry est très bien entouré à Poudlard par Dumbledore et par tous les professeurs qui l'aident à donner le meilleur de lui-même, mais aussi par Ron et Hermione qui lui traduisent le monde sorcier et marchent à ses côtés.

« Ce sont nos choix qui montrent ce que nous sommes vraiment, beaucoup plus que nos aptitudes[3]. » Cette leçon de Dumbledore l'accompagnera tout au long de son périple et l'aidera à trouver en lui la force nécessaire pour devenir chaque fois meilleur.

---

3. J. K. Rowling, *Harry Potter et la Chambre des secrets*, 1998.

À l'action !

Charlie Chaplin disait : « Tous les enfants ont du génie, le tout c'est de le faire apparaître. » Nous avons chacun au fond de nous des aptitudes, des prédispositions, des appétences pour tel ou tel domaine. Alors forcément, tout le monde ne peut pas être un Mozart ou un Léonard de Vinci, mais le tout est de se cultiver et de se faire plaisir. Les activités créatives, que ce soit par des loisirs créatifs, par la musique ou par la cuisine, permettent de développer l'imaginaire et de se sentir utile au monde. Les activités sportives procurent une sensation de bien-être et aident à rester en bonne forme. Certains auront besoin d'activités calmes, qui recentrent, d'autres d'activités plus intenses qui procurent de l'adrénaline. Il faut prendre le temps de s'interroger, ne pas avoir peur de tester toutes sortes d'activités, pour trouver en soi la petite étincelle que l'on souhaiterait provoquer et voir briller, comme la lampe merveilleuse que l'on frotte pour en faire sortir un génie.

L'erreur à ne pas faire

Se persuader que l'on n'y arrivera pas avant d'avoir essayé.

Partie 2

HARRY POTTER ET SON ENTOURAGE

« À compter de ce moment,
Hermione devint amie
avec Ron et Harry.
Il se crée des liens particuliers
lorsqu'on fait ensemble certaines choses.
Abattre un troll de quatre mètres
de haut, par exemple. »

***HARRY POTTER À L'ÉCOLE DES SORCIERS*, (LIVRE).**

La notion de groupe, d'équipe est primordiale dans la saga *Harry Potter*. Les quatre maisons représentent les musiciens d'un orchestre : seuls, ils ont du mal à exister, il leur manquent quelque chose. Ce n'est qu'ensemble, en jouant une même mélodie, qu'ils arrivent à produire quelque chose d'harmonieux et que chacune de leurs caractéristiques est mise en valeur. Le Quidditch, sport emblématique de Poudlard, est le sport qui permet d'illustrer cette notion d'équipe. Les uniformes et costumes permettent de mettre en valeur les caractéristiques communes à chaque maison et de s'identifier plus rapidement.

Les membres de l'Ordre du Phénix sont comme une petite communauté de bonnes fées qui gravitent autour de Harry, pour pallier l'absence de ses parents et le guider sur le bon chemin, l'aider à accomplir sa quête. Dans *Les Reliques de la Mort*, quand une élève Serpentard suggère d'attraper Harry, ses camarades se mettent un à un autour de lui pour créer un cocon de protection.

Mais comme dans « le monde moldu », dans le monde des sorciers il peut y avoir du bon et du mauvais. Comme l'explique Hagrid à Harry en visitant le Chemin de Traverse, « les sorciers ne sont pas tous des gens bien[1] », c'est même parfois bien plus nuancé. Tom Jedusor est un contre-exemple, qui illustre comment Harry aurait pu tourner s'il n'avait pas été bien entouré. Voldemort sait qu'en l'attaquant sur le sujet de l'amitié et de la loyauté, il va forcément le toucher : « Tu as laissé tes amis mourir à ta place au lieu de m'affronter toi-même. Il n'est pas de plus grand déshonneur[2]. »

Harry Potter, c'est aussi quelques moments heureux d'une adolescence banale : des plaisirs d'enfants insouciants qui découvrent des friandises aux drôles de saveurs, des confidences dans des chambres de l'internat, des tours joués pour esquiver les cours de professeurs trop sévères, des amours naissantes au bal de Noël. Harry Potter nous parle de magie, de philosophie, de fantastique, mais surtout de relations humaines.

---

1. *Harry Potter à l'école des sorciers*, de Chris Columbus, 2001.

2. *Harry Potter et les Reliques de la Mort, partie 2*, de David Yates, 2011.

Secret n°8

AVOIR UN ANIMAL DE COMPAGNIE

« Harry sortit du magasin de hiboux
avec une grande cage
à l'intérieur de laquelle
une magnifique chouette
aux plumes blanches comme la neige
dormait paisiblement,
la tête sous l'aile.
Harry en bégayait de reconnaissance. »

***HARRY POTTER À L'ÉCOLE DES SORCIERS*, (LIVRE).**

Harry a longtemps souffert de solitude. Même après s'être lié à Hermione et Ron, il porte en lui une sorte de mélancolie qu'il semble réussir à atténuer qu'au contact des animaux. Les animaux sont omniprésents dans le monde de Harry Potter : animaux domestiques, animaux fantastiques et Patronus apparaissent dans quasiment chaque scène de la saga... Les quatre maisons sont d'ailleurs chacune représentées par un animal : Gryffondor par un lion, Serdaigle par un aigle, Poufsouffle par un blaireau et Serpentard par un serpent.

Les animaux fantastiques et autres créatures sont inspirés de l'univers mythologique : centaures, dragons, licornes, loups-garous peuplent les forêts alentour de Poudlard. Un personnage interagit particulièrement avec ces créatures : c'est Hagrid. Sa cabane est symboliquement située à mi-chemin entre Poudlard et la forêt. Son apparence atypique et son gabarit impressionnant participent de sa marginalité et donc de sa proximité avec les animaux. Hagrid tisse un lien fort avec les animaux, avec Touffu son chien, ou encore avec Norbert, le bébé dragon. Il communique avec eux, en prend soin, les personnifie ; en réponse à son humanité qui lui a été déniée. Hagrid trouve plus de réconfort, d'écoute, d'attention auprès des animaux qu'auprès des êtres humains.

Harry a quant à lui su trouver ce réconfort auprès de Hedwige, chouette de compagnie offerte par Hagrid. Elle est le seul lien entre le monde des sorciers et le monde des Moldus pour Harry, la seule preuve que Poudlard existe quand il se retrouve chez les Dursley. Enfermée par l'oncle Vernon dans sa cage plusieurs semaines sans sortir, elle trépigne et s'impatiente au moins autant que son propriétaire. La mort de Hedwige, tuée dans sa cage durant le transport, dans les livres, est mise en scène dans les films de telle sorte qu'elle est touchée par un sortilège de Mort en voulant protéger Hagrid et Harry. On peut y voir non seulement la fidélité immuable de l'animal de compagnie envers son maître, mais aussi un rappel du décès de Lily Potter qui s'est interposée face à Voldemort pour protéger son fils. La perte de son animal de compagnie symbolise également souvent la fin de l'âge enfantin, où la réalité de la mort fait son apparition pour la première fois.

Un des sortilèges les plus difficiles, qui n'est pas à la portée de tous les sorciers, permet d'invoquer son Patronus qui prend la forme de son animal fétiche. Chien, chat, cheval, les Patronus sont des animaux plutôt classiques. Celui de Harry est un cerf, le même que son père. Dans l'imaginaire collectif occidental, un bébé cerf, orphelin de père et de mère, qui porte en lui à la fois la lourdeur de son histoire endeuillée et son destin, ses capacités à devenir le roi de la forêt, est Bambi.

À l'action !

Les animaux de compagnie ne sont pas de simples bêtes à nourrir et à sortir. Avoir un animal de compagnie, c'est avoir l'assurance qu'il sera à nos côtés, qu'il aura besoin de nous et que l'on pourra compter sur lui. Avoir un animal de compagnie, c'est trouver une oreille auprès de qui se confier, avoir un bol de câlins assuré. Il est prouvé que les personnes qui ont un animal à leurs côtés sont moins nerveuses et moins sujettes à la dépression. En fin de compte, peut-être est-ce davantage l'être humain qui a besoin d'un animal de compagnie dans sa vie que l'inverse…

L'erreur à ne pas faire

Sous-estimer le potentiel d'un animal de compagnie.

Secret n° 9

AVOIR DES AMIS SUR QUI COMPTER

« Pourquoi,
quand il arrive quelque chose,
faut-il toujours que ce soit vous trois ? »

LE PROFESSEUR McGONAGALL À HERMIONE, HARRY ET RON, *HARRY POTTER ET LE PRINCE DE SANG-MÊLÉ*, (FILM).

Harry Potter est le roman d'apprentissage par excellence : le récit retrace la quête d'un héros, de sa jeunesse jusqu'à l'âge adulte, lui permettant de se forger des expériences et de se confronter à plusieurs grands domaines de la vie comme la mort, la trahison, le pouvoir, l'amitié. La saga *Harry Potter* n'aurait définitivement pas été la même sans Ron et Hermione. Plus qu'un trio, ils forment un tout, une sorte de trinité sacrée.

Du point de vue freudien, Ron, Hermione et Harry représentent les trois instances qui régissent les comportements conscients et inconscients de l'être humain : Ron est le *ça*, la partie pulsionnelle et désorganisée qui fait appel aux instincts ; Hermione est le *surmoi*, la puissance moralisatrice qui fait appel à la raison ; et Harry est bien sûr à la fois le *moi*, la réalité qui équilibre les forces et s'implante dans le présent, et aussi la somme de ces trois forces.

L'amitié entre Ron et Harry débute très simplement, comme deux enfants, à la rentrée des classes. Ron prend très vite un rôle important dans la vie de Harry, c'est lui qui l'initie au monde de Poudlard, lui qui l'accueille dans sa famille. Hermione est, au début, accueillie de façon mitigée : peut-être le fait qu'elle soit rejetée par les autres a-t-il paradoxalement contribué à ce que Harry et Ron souhaitent l'intégrer à leur duo. Dès la fin du tome 1, Hermione a déjà modifié sa vision des choses : la phrase « J'ai tout appris dans les livres. Mais il y a des choses beaucoup plus importantes, le courage, l'amitié[1]... » prouve que, pour elle, la valeur de leur amitié naissante est inestimable, car elle la place plus haut que ce qui était jusqu'à présent primordial

---

1. J. K. Rowling, *Harry Potter à l'école des sorciers*, 1997.

pour elle : les livres. Harry fait le trait d'union entre Ron et Hermione, qui sont telles des forces contraires qui s'attirent. De l'amitié à l'amour, il n'y a qu'un petit pas que Ron et Hermione franchiront. Leur histoire d'amour naissante a créé des tensions qui ont rejailli sur Harry : il y a eu beaucoup de non-dits avant que Ron et Hermione n'osent se révéler leurs sentiments.

Harry ne se contente pas pour autant d'une amitié exclusive avec Ron et Hermione mais se lie avec plusieurs autres apprentis sorciers : Neville, avec qui il est lié par la prophétie de Trelawney, est en quelque sorte sa « doublure historique ». C'est d'ailleurs celui qui lui fait la plus belle déclaration : « Le cœur de Harry battait pour nous... pour nous tous[2]. ». Luna Lovegood, élève Serdaigle, a réussi à percer sa partie loufoque et torturée. Elle fait plusieurs fois office d'intermédiaire entre Harry et les autres, comme si elle parvenait à lire en lui et à le traduire. Cedric Diggory sera une sorte de grand frère pour Harry. Loyal, honnête et travailleur, Cedric a mis à l'honneur les caractéristiques principales des Poufsouffle. D'une certaine façon, Harry et Drago sont proches : ils font bien

---

2. *Harry Potter et les Reliques de la Mort, partie 2*, de David Yates, 2011.

attention à ne pas trop se fréquenter, mais on sent tout de même, au fil des années, que dans un autre contexte ils auraient pu être amis. Il y a parfois, dans leurs échanges, dans leurs regards et dans leurs silences, de la compassion. Haïr est finalement ce que l'on ressent après avoir éprouvé trop d'amour et de chagrin.

Harry n'est pas proche uniquement des autres élèves de Poudlard : il entretient des relations atypiques avec ses professeurs, qui le considèrent comme leur égal. Lupin, Hagrid, McGonagall ont tous une affection particulière pour Harry, mais c'est bien Dumbledore qui au fur et à mesure du récit devient son confident numéro un et son mentor.

Un dernier personnage avec lequel Harry est particulièrement lié, même si sur le papier son rôle semble secondaire : c'est Dobby. Harry ne l'a jamais considéré comme un esclave ou un moins que rien ; au contraire, il l'a toujours respecté et l'a même aidé à se libérer des Malefoy. Le décès de Dobby est un des événements les plus émouvants de la saga : « C'est un endroit magnifique pour être avec des amis[3]. » Dobby reconnaît ainsi à Harry le

---

3. *Harry Potter et les Reliques de la Mort, partie 1*, de David Yates, 2010.

statut d'ami, il l'adoube comme Harry l'avait fait en lui donnant sa liberté. Dobby n'est alors plus seulement un simple elfe de maison, il devient un personnage important au contact du jeune homme. On retrouve dans cette scène une référence iconographique à un autre chef-d'œuvre du cinéma, le film *E.T.* : un jeune garçon qui pleure sur le corps gris et écaillé d'une créature étrange. Ces deux œuvres nous montrent également que l'amitié est une valeur universelle et que ce sont souvent les enfants qui développent les sentiments les plus nobles et les plus purs. Ils ne se préoccupent pas de savoir si leur ami appartient à une autre espèce ou à une catégorie sociale inférieure, ils les acceptent tels qu'ils sont et les protègent du monde hostile des adultes.

Harry a beau être bien entouré, de personnalités variées, il n'en demeure pas moins qu'il est très seul. C'est une solitude bénéfique, elle n'est pas subie, mais elle est nécessaire : les vrais héros mènent leur quête en solitaire.

À l'action !

La définition d'ami est très fluctuante : entre le nombre d'abonnés affichés sur les comptes des réseaux sociaux et les personnes que l'on peut contacter en plein milieu de la nuit pour nous aider à cacher un corps, il existe certainement un milieu moins tranché. L'amitié, c'est se créer des souvenirs communs, des grosses rigolades et des confidences feutrées, c'est être attentif à l'autre et savoir quand il faut être là. Ce n'est pas un miroir, ni un punching-ball : vos amis ne doivent pas être vos clones, ils ne sont pas non plus le défouloir de toutes vos frustrations et crispations. Ils ne sont pas vos psys, pas vos banquiers, pas vos nounous. Pour vivre vos relations amicales sereinement, comme en amour, ne vous donnez pas trop vite et n'attendez pas trop. N'oubliez pas que vous n'avez pas besoin de courir après les gens pour vous lier, et que les moments de solitude sont tout aussi bénéfiques. L'amitié se construit sur le long terme, branche après branche, comme un petit nid d'oiseau. C'est un bien précieux dont il faut prendre soin.

L'erreur à ne pas faire

Risquer de faire fuir vos amis en étant trop demandeur.

Le mantra du philosophe

« L'amitié est une forme d'égalité comparable à la justice : chacun rend à l'autre des bienfaits semblables à ceux qu'il a reçus. »

ARISTOTE[4]

4. Aristote, *Éthique à Nicomaque*.

Secret n°10

SE TROUVER UNE FAMILLE DE SUBSTITUTION

« Il ne nous montre rien d'autre que le désir le plus profond, le plus cher, que nous ayons au fond de notre cœur. Toi qui n'as jamais connu ta famille, tu l'as vue soudain devant toi. »

DUMBLEDORE À HARRY, *HARRY POTTER À L'ÉCOLE DES SORCIERS*, (LIVRE).

James et Lily Potter sont présentés comme le couple de jeunes premiers à qui tout sourit. Quand Harry demande des précisions sur le caractère de son père, Lupin lui explique que «James représentait pour Rogue tout ce qu'il aurait voulu être – il était aimé de tout le monde, très doué pour le Quidditch. D'ailleurs, il était doué à peu près en tout[1]. ». James et Lily Potter, c'est un peu le mariage du capitaine de l'équipe de sport et de la cheffe des pom-pom girls... Ils se révèlent être de très bons parents, attentifs et aimants, qui iront jusqu'à se sacrifier pour protéger leur fils du sort de Voldemort.

Difficile d'imaginer que Harry Potter et Pétunia Dursley aient un lien de parenté. Pétunia est étouffée par la jalousie qu'elle ressent pour sa sœur Lily (« Ma merveilleuse sœur... » comme elle l'explique au début de *Harry Potter à l'école des sorciers*). Sa jalousie et son étroitesse d'esprit vont l'amener à martyriser Harry, confortée par son époux. Ce qui avait séparé les deux sœurs – la sorcellerie – va sauver Harry. Les professeurs de Poudlard vont, chacun à des degrés différents et avec leur propre style, ériger autour de lui une barrière de protection.

La rencontre la plus importante pour Harry, qui va lui permettre de se sentir intégré dans le monde des sorciers mais aussi dans le monde tout court, sera incontestablement celle des Weasley. Harry

---

1. J. K. Rowling, *Harry Potter et l'Ordre du Phénix*, 2003.

fait la rencontre de la famille Weasley à King's Cross, près de la voie 9 ¾ et c'est Molly, la mère, qui lui montre comment passer de l'autre côté. Une mère l'a sauvé du sort du plus terrible des sorciers, une autre l'aide à atteindre l'univers des sorciers ; la boucle est bouclée. D'ailleurs, à ce moment du récit, rien ne laisse présager que Molly sait qu'il est Harry Potter. Elle lui vient en aide par simple bonté, comme le ferait n'importe quelle maman devant n'importe quel enfant en difficulté, l'appelant même parfois « mon garçon », dès leur première rencontre dans *Harry Potter à l'école des sorciers*.

Harry va se fondre dans le paysage quotidien des Weasley : il fête Noël avec eux, passe ses vacances chez eux, y dîne régulièrement, un couvert en plus est toujours présent pour lui. Molly et Arthur jouent bien les rôles de parents de substitution auprès de Harry : Molly est très gentille et attentive ce qui lui vaut d'ailleurs les railleries de ses jumeaux. C'est clairement Molly qui a l'étiquette de l'autorité, c'est même elle qui envoie des Beuglantes. Arthur a plutôt un rôle de « parent-copain » auprès de ses enfants : il essaie parfois de faire bonne figure et de reprendre sa place de père de famille, mais on sent bien qu'au fond de lui c'est un grand enfant. Arthur accorde d'autant plus d'intérêt à Harry qu'il a vécu dans le monde moldu et peut lui décrypter les outils du quotidien. Ce n'est pas une relation unilatérale mais bien un dialogue d'égal à égal qui s'installe entre eux.

À leur contact, Harry est émerveillé par la découverte de la vie quotidienne des sorciers, il s'intéresse à l'organisation du ministère de la Magie et les turpitudes du passé s'éclairent petit à petit. Ils agissent comme une sorte de traducteurs, de spectres permettant au jeune apprenti sorcier de décrypter ce monde inconnu.

Harry prend beaucoup de plaisir à interagir au sein de cette famille. Au-delà de la magie, il découvre auprès des Weasley ce à quoi il a toujours aspiré : une vie de famille classique faite de moments simples, de repas partagés et de disputes entre frères et sœurs. Les Weasley, que ce soit les parents ou les frères et sœur, ont permis à Harry de toucher du doigt une vraie vie de famille, de vivre des échanges sereins et normaux. Fred et George se positionnent comme de vrais grands frères auprès de Harry : ils le taquinent, ils l'entraînent dans leurs bêtises, mais surtout ils le protègent.

Les Weasley ont une telle importance pour Harry qu'il trouvera l'amour au sein de cette famille en la personne de Ginny, la petite sœur qui se révélera au fil de l'aventure une redoutable joueuse de Quidditch et une fine stratège, tout comme Harry. Il est d'ailleurs étonnant que parmi les trois enfants du couple Harry-Ginny, pas un seul prénom ne fasse référence aux Weasley (Lily Luna, James Sirius et Albus Severus).

Les Weasley ont donc apporté la stabilité dont Harry avait besoin, une sorte de normalité (relative, car normalité sorcière tout de même). Malgré toute l'affection qu'ils lui portent, Molly et Arthur n'ont aucun droit légal sur Harry. Les Dursley restent ses tuteurs en dépit de tout le mépris qu'ils éprouvent pour Harry. Cela a pu donner lieu à des situations délicates, comme lors de la sortie à Pré-au-Lard qui nécessite une autorisation parentale signée. Heureusement, ce sont d'autres Weasley qui vont intervenir à la faveur de Harry, Fred et George... On ne doute pas que, sans les Weasley, Harry se serait retrouvé bien esseulé tout au long de sa quête et que son histoire aurait eu une saveur bien amère.

À l'action !

La famille est en général un sujet sensible, alors lorsque l'on a des traumatismes d'enfance, cela peut carrément devenir un sujet tabou. Votre famille est bancale, vous ne souhaitez plus interagir avec ? Qu'à cela ne tienne, à vous de recréer votre propre famille de substitution ! Vous pouvez choisir qui fait partie de votre cercle rapproché : certaines amitiés fortes, un couple solide, un engagement associatif riche, sont tout autant de possibilités de tisser votre propre cocon. À l'âge adulte, votre conjoint et vos propres enfants peuvent constituer votre noyau fort.

L'erreur à ne pas faire

Se forcer à subir sa famille.

Secret n°11

SE CONFIER

« – Alors, comme ça,
vous parlez tous de moi ?
Remarquez, je commence à m'y habituer.
– C'est à toi qu'on voulait parler,
Harry, dit Ginny,
mais comme tu n'arrêtes pas
de te cacher depuis qu'on est rentrés... »

HARRY ET GINNY, *HARRY POTTER ET L'ORDRE DU PHÉNIX*, (LIVRE).

Que ce soit pour aborder des petits tracas du quotidien ou pour faire face à des traumatismes plus profonds, verbaliser est une première étape nécessaire à la prise de conscience et à la résolution. Harry n'est pas avare de confidences, bien au contraire : il échange très volontiers avec ses amis, ses professeurs, les adultes qui l'entourent. Ron et Hermione, Sirius Black, Lupin, et bien sûr Hagrid et Dumbledore sont chacun à leur manière les confidents de Harry. Il a besoin d'échanges et de conciliabules pour aller mieux, pour expier ses turpitudes, mais aussi pour faire avancer sa quête, pour l'aider à y voir plus clair. En ce sens, Harry se rapproche de la doctrine socratique de la maïeutique : il aide habilement les différents protagonistes qui gravitent autour de lui à clarifier leur pensée.

Harry et son cousin Dudley, simple moldu, présentent des réactions opposées qui s'illustrent particulièrement lors d'une des scènes mythiques au zoo : Dudley se comporte de façon despotique et espère tirer parti du serpent en le contraignant (« Fais-le bouger ! Bouge[1] ! ») ; alors que Harry fait preuve de beaucoup d'empathie et de compassion, en comparant son destin et celui du serpent (« Il ne sait pas ce que c'est d'être dans une cage jour après jour... » « Élevé en captivité... je suis comme toi... Moi non plus je n'ai pas connu mes parents[2]... »). Dépeindre Dudley comme un enfant pourri gâté

1. *Harry Potter à l'école des sorciers*, de Chris Columbus, 2001.
2. *Ibid.*

et mal élevé accentue d'autant plus le calme et la gentillesse de Harry, qui communique de façon bienveillante avec le serpent.

Dudley voit le serpent comme un objet, alors que Harry le considère comme un sujet. C'est encore un antagonisme philosophique très fort. Le serpent du zoo n'est pas un animal comme les autres, c'est un objet de transition important : il fait le lien entre le monde des Moldus, qui observent les serpents à travers une vitre ; et le monde des sorciers, qui communiquent avec. « Je sais parler aux serpents. Je m'en suis aperçu quand nous sommes allés en excursion à la campagne. Ils viennent me voir et ils me murmurent des choses. C'est normal pour un sorcier[3] ? », prévenait déjà Tom Jedusor enfant, avant de devenir le sorcier le plus maléfique de Serpentard. Harry Potter se questionne de façon presque similaire et dans le même tome auprès de Dumbledore : « Je sais parler aux serpents. Je m'en suis aperçu quand nous sommes allés en excursion à la campagne. Ils viennent me voir et ils me murmurent des choses. C'est normal pour un sorcier ? »

---

3. J. K. Rowling, *Harry Potter et le Prince de sang-mêlé*, 2005.

À l'action !

Harry n'a pas d'ami imaginaire, pas de journal intime, pas de doudou. Peut-être que Dobby, elfe de maison, fait office d'objet régressif, objet de transition : son apparence et son élocution le rapprochent d'une peluche, d'un enfant, d'un personnage étrange en tout cas. Hedwige, autre animal symbolique, joue également ce rôle de confident et de protecteur, c'est un des rares liens qui connectent le monde des sorciers et le monde des Moldus.

Le langage est une caractéristique fondamentale de l'espèce humaine, c'est ce qui permet de distinguer les humains des autres espèces. Le langage, c'est l'échange, le dialogue, mais aussi l'écoute. Se confier, verbaliser ses doutes et ses tracas, permet de soulager sa conscience. Certaines blessures d'enfance sont parfois tellement profondes et enfouies que les traumatismes ne resurgissent qu'après un évènement marquant. Pour prendre conscience de ses blessures d'enfance, il faut déjà être capable de les verbaliser. On peut se confier directement à un proche de confiance, mais on peut aussi coucher ses pensées sur le papier, s'enregistrer ou simplement raconter face à son miroir. Le fait de mettre des mots sur ses blessures, que ce soit à l'écrit ou à l'oral, permet de les faire exister, de les rendre réelles, et c'est déjà un pas énorme.

L'erreur à ne pas faire

Enfouir ses blessures
et se laisser consumer de l'intérieur.

Secret n° 12

FAIRE PARTIE D'UNE ÉQUIPE

« *Votre père aurait été fier de vous, ajouta-t-elle. Lui aussi était un excellent joueur de Quidditch.* »

PROFESSEUR McGONAGALL À HARRY POTTER, *HARRY POTTER À L'ÉCOLE DES SORCIERS*, 1997 (TOME 1).

Poudlard est une micro-société recréée avec son fonctionnement et ses règles propres. Rejoindre le monde des sorciers a sauvé Harry car cela lui a permis de déterminer qui il était et de prendre une place dans la société. L'organisation en quatre maisons permet d'officialiser les jeux de pouvoirs et d'alliances, de les distribuer et de les réguler. Cela permet surtout de créer des personnages emblématiques très tranchés qui représentent dignement leurs maisons :

Drago Malefoy pour Serpentard représente l'ambition et la ruse, Luna Lovegood en fidèle Serdaigle est la curiosité et la créativité, Ginny Weasley représente le courage et la force d'esprit des Gryffondor, Cedric Diggory la loyauté et la constance des Poufsouffle. Ces quatre maisons ensemble forment un kaléidoscope, différentes versions possibles de nous-mêmes selon les traits de caractère que l'on souhaite mettre en avant. Cela se retrouve également sur les armoiries de Poudlard, composées des quatre maisons ayant chacune leurs couleurs et leur animal symboliques.

Alors qu'il ne connaît que très peu l'historique des quatre maisons et tout ce qui s'y joue, Harry a tout de même retenu la première leçon de Hagrid : tous les sorciers qui ont mal tourné venaient de Serpentard. Harry fait vite le lien, certainement inconsciemment à ce stade du récit, entre le fait qu'il parlait Fourchelang, l'attaque de Voldemort dont il a été victime, le décès de ses parents, et la maison Serpentard. En demandant au Choixpeau de ne pas l'intégrer à Serpentard, il se rallie à la bonne équipe, celle des bons sorciers, celle du directeur Dumbledore.

McGonagall prévient les élèves lors de la cérémonie du Choixpeau que leur maison sera comme une seconde famille. En effet, des lignées entières de sorciers se retrouvent traditionnellement dans la même maison, comme les Malefoy à Serpentard, les Weasley et les Potter à Gryffondor ; et l'appartenance à telle ou telle maison conditionne beaucoup de choses. Faire partie de la même maison est un sacré gage de points communs, c'est aussi ce qui permettra à Harry et Ginny de se rapprocher.

Les quatre maisons s'affrontent tout au long de l'année, par un système de points que chaque membre de la maison peut faire gagner ou enlever. Une sorte de permis à points avant l'heure qui permet de tenir les comptes et de mettre à l'honneur telle ou telle maison à la fin de l'année scolaire. L'apogée de ces affrontements par équipe se retrouve dans le sport fétiche des sorciers : le Quidditch. Les quatre maisons s'y affrontent sur le terrain, dans un combat qui reste bon enfant et visible de tous.

C'est encore une discipline où Harry se fait remarquer : il est normalement trop jeune pour pouvoir intégrer l'équipe de Quidditch, mais il est sélectionné dès sa première année car il est très talentueux, tout comme son père l'était. C'est une des scènes fondatrices de la saga : Drago vient se vanter du dernier achat de son père devant l'équipe des Gryffondor. Hermione et Ron se liguent pour renvoyer Drago dans ses cordes en lui précisant que, dans l'équipe de Gryffondor, les joueurs ne sont pas choisis pour leur fortune mais pour leur talent. Ce sera d'ailleurs un des moments fédérateurs de leur amitié.

Si le Quidditch se joue au vu et au su de tous, il existe dans le monde des sorciers des affrontements beaucoup moins officiels qui ont bien plus d'importance : l'affrontement entre les membres de l'Ordre du Phénix et les forces du Mal. Le Quidditch est une sorte de répétition officielle et ludique de ce qui se joue dans les souterrains de Poudlard et du ministère de la Magie. Il s'agit, là encore, de bien choisir son équipe.

Le Vif d'Or est un élément fondamental qui fait le trait d'union entre le début de l'histoire et la fin : c'est une des clés qui permet à Harry d'accéder à la Pierre de Résurrection, donc aux Reliques de la Mort, grâce à l'héritage de Dumbledore. Lorsqu'Olivier Dubois explique les règles à Harry, il lui précise à propos du Vif d'Or : « Si tu l'attrapes, Potter, on gagne[1]. » Il ne pouvait pas mieux lui expliquer les règles du jeu.

---

1. *Harry Potter à l'école des sorciers*, de Chris Columbus, 2001.

À l'action !

Faire partie d'une équipe a permis à Harry de venir à bout de sa quête, mais cela lui a surtout appris les habiletés sociales qu'il ne connaissait pas. Si, comme Harry, votre enfance vous a empêché de découvrir les relations humaines et de partager des moments de vie sereins avec des camarades de votre âge, faire partie d'une équipe à l'âge adulte sera très bénéfique : cela vous permettra non seulement de passer de bons moments, de partager des activités ; mais surtout cela vous aidera à observer les échanges et à décrypter les relations sociales du groupe. Que ce soit au sein d'une équipe d'un sport collectif, avec des camarades de promos, dans une association ou auprès de collègues de travail, la notion d'appartenance à une équipe va vous aider à trouver votre place au sein de la société et à vous sentir exister parmi un groupe.

L'erreur à ne pas faire

Rester seul par crainte de ne pas savoir gérer les relations humaines.

Secret n°13

AVOIR DE LA RÉPARTIE

« – Vous souvenez-vous
que j'avais parlé
de sortilèges informulés, Potter ?
– Oui, répondit Harry avec raideur.
– Oui, monsieur.
– Il n'est pas nécessaire de m'appeler
"monsieur", professeur. »

HARRY ET ROGUE, *HARRY POTTER ET LE PRINCE DE SANG-MÊLÉ*, (LIVRE).

Au fil des années, le verbe d'Harry s'affine et devient de plus en plus saillant. Lorsqu'il n'est qu'un enfant, il baisse les yeux devant Pétunia et Vernon Dursley. Le film s'ouvre d'ailleurs sur les premiers mots que Harry prononce : « Oui, tante

Pétunia » et « Oui, oncle Vernon[1] ». Quelques années plus tard, il leur tient tête et répond du tac au tac, quand Vernon Dursley le prévient qu'il n'aura nulle part où aller s'il utilise la magie, Harry lui rétorque : « Ça m'est égal, rien ne peut être pire qu'ici[2]. »

Il s'affirme auprès de ses camarades, pour qui il est un véritable *leader* naturel et aussi auprès de ses enseignants. Son franc-parler dans les cours de Dolores Ombrage lui vaudra une punition digne du Moyen Âge qui est la Plume de sang. Dolores, en bonne sadique, prend grand plaisir à donner cette punition et à l'observer se tordre de douleur.

Harry est quelqu'un de très pugnace, il n'est pas Gryffondor pour rien : il n'est ni influençable, ni nerveux, ni soupe au lait. C'est un jeune qui impose son charisme petit à petit. Quand il a une idée en tête, il est impossible de la lui enlever, on ne tergiverse pas avec Harry Potter. Preuve en est lors de son retour à Godric's Hollow, quand Hermione lui suggère, dans le film, de se camoufler pour éviter d'être repéré : « C'est ici que je suis

---

1. *Harry Potter à l'école des sorciers*, de Chris Columbus, 2001.

2. *Harry Potter et le Prisonnier d'Azkaban*, d'Alfonso Cuarón, 2004.

né, je ne reviens pas dans la peau d'un autre[3]. » Bien que cette technique ait pu faire ses preuves dans ses jeunes années, pour s'introduire avec Ron dans les bâtiments des Serpentard, Harry aime peu les changements d'identité qui ne sont jamais très confortables pour lui car il est conscient des dangers qui peuvent en découler.

La parole est d'argent, mais le silence est d'or : cet adage se vérifie auprès de Harry. C'est dans ses silences, par sa stature ancrée et son regard soutenu, que Harry a paradoxalement la meilleure répartie. Luna Lovegood, qui a bien saisi le fonctionnement de Harry, le verbalise d'ailleurs très bien dans *Les Reliques de la Mort* : « Harry n'a pas envie de nous parler pour l'instant, mais il est trop poli pour le dire. » Harry s'écoute dans ses discours, mais il est encore plus grand dans ses silences. Son statut d'élu contribue bien sûr grandement à installer cette aura naturelle, ce charisme.

---

3. *Harry Potter et les Reliques de la Mort, partie 1*, de David Yates, 2010.

À l'action !

Les anciens enfants qui ont vécu des traumatismes rencontrent souvent des difficultés, encore à l'âge adulte, à prendre la parole et avoir de la répartie : ils ont assimilé que leur point de vue n'avait pas d'importance, qu'ils ne devaient pas se faire remarquer. Travailler votre élocution et vos prises de parole vous aidera à prendre plus d'aisance et à effacer le petit-garçon-sous-l'escalier qui est au fond de vous.

N'hésitez pas à vous entraîner devant votre miroir en faisant des vocalises, en testant des phrases accompagnées de regards et de micro-gestes. Cela permet de gagner en assurance et ainsi de moins souffrir des blessures de votre enfance. Si vous en ressentez le besoin, vous pouvez vous rapprocher d'un professeur de musique ou d'un orthophoniste pour quelques séances de diction. Une fois que vous êtes au point pour la forme, vous pouvez vous attaquer au fond ! Qui n'a jamais vécu le moment où l'on a trouvé la réplique-qui-tue parfaite… avec trois heures de retard ? Pour éviter ces moments inconfortables, préparez-vous quelques répliques cultes (un peu plus profondes que le « C'est pas faux » de *Kaamelott* quand même…) qui vous éviteront de vous retrouver à sec. Préparez-vous également à diverses éventualités : pour contrer le collègue lourdingue qui risque de vous faire une remarque salace devant la photocopieuse, préparez en avance votre répartie. Procédez de même pour votre belle-mère qui critique le rangement du lave-vaisselle, ou pour la fausse-copine qui reluque votre chéri en douce… Chacun en prendra pour son grade, avec une réplique toute prête à l'emploi qui n'attend qu'à être servie ! Vous pouvez également les noter sur un petit carnet, ou noter les répliques de films ou séries qui vous inspirent et vous correspondent. Cela agira comme un cercle vertueux : vous prendrez de plus en plus plaisir à « clasher » vos interlocuteurs et petit à petit vous n'aurez plus besoin de préparer vos répliques, cela viendra tout seul. Vous aussi avez enfin le droit à la parole, n'hésitez plus à faire entendre votre voix !

L'erreur à ne pas faire

Laisser ressortir le petit enfant traumatisé et se retrouver tétanisé.

Secret n°14

S'APPUYER SUR SON MENTOR

« Je me souciais davantage
de ton bonheur que de t'apprendre
la vérité, davantage de ta tranquillité
d'esprit que de mon plan,
davantage de ta vie que des autres vies
qui seraient peut-être perdues
si ce plan échouait. En d'autres termes,
j'ai agi exactement comme Voldemort
s'attend à ce que nous agissions, nous,
les imbéciles qui éprouvons
des sentiments d'amour. »

DUMBLEDORE À HARRY,
***HARRY POTTER ET L'ORDRE DU PHÉNIX*, (LIVRE).**

Dumbledore est un sorcier très performant, charismatique et puissant. Il reprend tous les codes du grand mage, à l'instar d'un Gandalf ou d'un Merlin dans le monde de la magie : barbu, très âgé, affublé d'un chapeau. Bien que directeur de Poudlard et fin stratège, c'est un personnage peu conventionnel, qui se méfie du ministère de la Magie et des jeux de pouvoirs. Il cherche à obtenir le meilleur de ses élèves sans jamais être dans l'autoritarisme ou la compétition. Il les aide à devenir une meilleure version d'eux-mêmes.

Harry et Dumbledore ont pris l'habitude d'avoir des échanges en tête à tête, dans des recoins de l'école, des moments de confidences, qui s'apparentent plus à des échanges père-fils qu'à des échanges professeur-élève. Le comportement de Dumbledore auprès de Harry évolue au fil de l'intrigue : parfois très énigmatique, ne lui donnant que quelques petits éléments que Harry doit reconstituer lui-même, parfois très injonctif et recadrant (« Tu vas obéir à tout ordre que je te donnerai sans discuter[1]. »). Contre la fougue de la jeunesse et le sentiment de vengeance, Dumbledore incarne l'expérience et la sagesse.

---

1. *Harry Potter et le Prince de sang-mêlé*, de David Yates, 2009.

Il ne laisse d'ailleurs personne d'autre développer ce lien avec Harry : il tolère la proximité de Sirius Black ou de Remus Lupin, mais leur degré de proximité ne rejoint jamais celui de Dumbledore, qui est un véritable mentor pour Harry. Véritable mentor pour Harry, bien qu'il sache que Harry devra se sacrifier pour tuer Voldemort.

La mort de Dumbledore, en plus des circonstances spécifiques durant lesquelles elle advient, plongera Harry dans un grand désarroi. Malgré l'entourage des autres professeurs, en particulier de McGonagall, la perte de Dumbledore sera pour Harry un dommage irréparable, qui va d'ailleurs accentuer son sentiment de colère et de vengeance.

Le sortilège de protection « Expecto Patronum » illustre parfaitement la relation de Dumbledore et Harry : pour pouvoir invoquer ce sort et faire apparaître son Patronus, il faut faire preuve d'une grande concentration et aller puiser au plus profond de ses ressources intérieures. Seul un sorcier qui croit sincèrement à la justesse de ses actes est en capacité d'utiliser le sortilège du Patronus. Nul doute que le protecteur attendu par Harry est Dumbledore.

Hagrid joue également un rôle important auprès de Harry : tout d'abord, c'est lui qui va le délivrer de l'emprise des Dursley, c'est symboliquement une place importante. Harry, ainsi que Ron et Hermione, va tisser un lien fort avec Hagrid. C'est l'incarnation même du gentil bourru, qui n'a pas beaucoup de culture – en témoigne par exemple l'écriture sur le gâteau d'anniversaire de Harry qui comporte plusieurs fautes grossières – mais un grand cœur. Ce n'est pas un hasard si, à Poudlard, Hagrid est chargé des soins aux créatures magiques.

À l'action !

Certains jeunes parviennent à sortir d'une enfance compliquée ou d'un destin rayé grâce à l'appui d'un mentor : c'est notamment le cas des jeunes sportifs, souvent footballeurs ou boxeurs, qui parviennent à s'émanciper par le sport avec l'aide d'un entraîneur, d'un recruteur ou d'un coach. Le mentor, comme Dumbledore avec Harry, représente à la fois la sagesse, l'expérience, le soutien ; tout ce dont on manque quand on a été blessé durant l'enfance. Le mentor peut être représenté par un professeur, un camarade plus âgé, une personne qui évolue dans le même milieu professionnel. Il y a toujours une idée de transmission d'une personne à l'autre, de continuité des savoirs. Bien sûr, on ne se promène pas à la recherche de son mentor, on ne passe pas des petites annonces : le mentor, comme le coup de foudre, arrive sans crier gare et s'impose à nous sans prévenir. C'est un lien très fort qui vous unira, qui ne remplace pas le lien familial qui a failli durant votre enfance, mais qui peut y pallier.

L'erreur à ne pas faire

Refuser toutes les mains tendues sous prétexte de ne plus faire confiance à personne.

Le mantra du philosophe

« Pour obtenir
une vérité quelconque
sur moi, il faut que
je passe par l'autre. »

JEAN-PAUL SARTRE[2]

2. Jean-Paul Sartre, *L'existentialisme est un humanisme*.

Secret n°15

TRAITER LES AUTRES AVEC RESPECT

« S'il existait un sorcier dont
je puisse penser qu'il ne cherche pas
un bénéfice personnel, dit enfin Gripsec,
ce serait vous, Harry Potter.
Les gobelins et les elfes
ne sont guère accoutumés à la solidarité
ou au respect que vous avez manifestés
cette nuit. Pas de la part
des porteurs de baguettes. »

GRISPEC À HARRY, *HARRY POTTER ET LES RELIQUES DE LA MORT*, (LIVRE).

À première vue, Harry Potter n'est pas spécialement une œuvre politique ou engagée. Pourtant, à y regarder de plus près, la thématique de la lutte des classes est omniprésente. Quand on sait que J. K. Rowling était une mère de famille célibataire avec des difficultés financières, cela prend tout son sens.

L'opposition entre riches et pauvres rejoint parfois l'opposition entre bons et mauvais : les parents Malefoy vivent dans un manoir et peuvent offrir des pots-de-vin à toute l'équipe de Quidditch de leur fils ; tandis que les Weasley utilisent des fournitures scolaires de seconde main et portent des capes élimées. Pour autant, les Weasley sont beaucoup plus proches de leurs enfants avec qui ils entretiennent des relations affectueuses et complices. Les Malefoy sont entraînés malgré eux dans l'engrenage de Voldemort.

Certains principes d'organisation de la société par castes présentes dans Harry Potter font écho à d'autres romans anglais : *1984* de Georges Orwell[1], et *Le meilleur des mondes* de Aldous Huxley[2]. Ces œuvres devenues incontournables évoquent chacune une société contrôlée par de nombreuses

1. Georges Orwell, *1984*, 1949.
2. Aldous Huxley, *Le Meilleur des mondes*, 1932.

règles, et dans laquelle les inégalités seraient justifiées et encouragées.

On peut voir dans les derniers tomes, en particulier *Harry Potter et les Reliques de la Mort*, une critique du régime totalitaire : nébuleux, corrompu, violent, omnipotent. A contrario, Harry et ses acolytes sont vus comme des résistants, c'est d'ailleurs ce qu'ils font clairement en créant la société secrète de l'Ordre du Phénix.

Vu les mauvais traitements que Harry a subi durant son enfance, il aurait pu reproduire ce schéma, comme c'est souvent le cas lors des personnes ayant subies des sévices durant leur enfance, et devenir une personne aigrie et agressive Au lieu de ça, il fait le choix de rester quelqu'un de bon et d'empathique. Il traite tout le monde avec respect, comme il aurait souhaité être traité. Il adopte le même comportement que ce soit auprès de ses professeurs, de ses camarades, des gobelins ou des centaures. Il ne tient pas compte du rang, de la classe sociale ou de l'étiquette de ses interlocuteurs. Son comportement est linéaire, mais il se crée sa propre échelle de valeur. Il développe une sorte d'instinct qui lui permet de détecter les mauvaises personnes comme Lucius Malefoy ou Dolores Ombrage avec qui il ne prend aucun gant, bien que ce soient des adultes puissants. Ce comportement a été influencé par

Sirius Black, qui lui a inculqué le respect : « Si tu veux savoir ce que vaut un homme, regarde donc comment il traite ses inférieurs, pas ses égaux[3]. » Le respect des autres est une ligne de conduite que Harry s'est définie lui-même et qu'il a su respecter : contrairement à certaines personnes qui ont été maltraitées, et qui maltraitent à leur tour, Harry fait tout pour éviter de reproduire ce schéma de violence et se fixe des principes de vie.

Harry tisse une relation particulière avec Dobby, l'elfe de maison des Malefoy. Dobby représente un peu le chien foufou de certaines histoires, qui tente maladroitement d'aiguiller le héros. Leurs destins sont entrelacés : depuis le début de *Harry Potter et la Chambre des secrets*, Dobby essaie par tous les moyens de protéger Harry et d'empêcher son retour à Poudlard, jusqu'au décès de Dobby, en passant par le cadeau de la chaussette qui permettra à Dobby de devenir « *un elfe libre* » comme il aime le proclamer. Harry ira jusqu'à creuser lui-même la tombe de Dobby. Même si Harry a déjà été confronté de près à la mort avec le décès de ses parents et le décès de Cedric, la mort de Dobby qu'il avait pris sous son aile, est une épreuve qui symbolise la fin de l'enfance et de sa quête.

---

3. J. K. Rowling, *Harry Potter et la Coupe de feu*, 2000.

À l'action !

Être méchant, vexant, moqueur ou vil n'effacera pas vos souffrances d'enfance : le respect et l'irrespect ne fonctionnent pas en vases communicants. Au contraire, être une personne droite, courtoise, digne vous entraînera dans un cercle vertueux. Cela prouvera que, telle la fleur de lotus qui s'épanouit malgré un environnement hostile en cherchant la lumière, vous aurez réussi à devenir une bonne personne et à ne pas laisser l'histoire se répéter en devenant maltraitant à votre tour.

L'erreur à ne pas faire

Être méchant par facilité, parce que vous n'avez connu que ce mode de communication.

Secret n°16

FAIRE PREUVE DE COMPASSION

« Un sentiment étrange envahit Harry, une émotion très différente de la colère et du chagrin qu'il avait éprouvés depuis la mort de Sirius. Il mit quelques instants à comprendre qu'il ressentait de la compassion pour Luna. »

***HARRY POTTER ET L'ORDRE DU PHÉNIX*, (LIVRE).**

Bien qu'Harry ait grandi sans affection, il fait preuve de beaucoup de gentillesse, d'empathie, de compassion. Cela transparaît dès son premier trajet pour Poudlard : alors qu'Harry est à peine sorti de Privet Drive et embarque à bord du Poudlard Express, il n'hésite pas un seul instant à partager ses sucreries avec Ron, qu'il vient de rencontrer. Celui-ci, en signe d'échange, va lui faire découvrir les dragées surprises de Bertie Crochue.

Harry est très empathique, il ne se réjouit jamais du malheur de l'autre. C'est un être profondément bon qui œuvre pour l'égalité. Il se prend d'affection pour Dobby, l'elfe de maison des Malefoy, même si celui-ci l'agace et le met parfois dans des situations difficiles, notamment chez les Dursley. Harry n'est pas à l'aise avec le traitement que Lucius Malefoy réserve à son elfe de maison, au point de monter un stratagème pour le faire libérer (« Le maître a donné à Dobby une chaussette[1] ! »). Peut-être que ce traitement lui a rappelé les conditions dans lesquelles il était traité chez son oncle et sa tante, et dont une intervention extérieure lui aurait permis de sortir.

Mais Harry n'est pas compatissant uniquement avec les personnes qui lui sont proches, il l'est aussi avec les personnes qui lui sont néfastes, et cela est beaucoup plus rare. Cela tient certainement des qualités humaines que Dumbledore lui a

---

1. J. K. Rowling, *Harry Potter et la chambre des secrets*, 1998.

transmises, comme une sorte de code de conduite à maintenir en toutes circonstances, une doctrine à respecter. Harry sait que son destin est particulier : par son histoire familiale, par sa lutte avec Voldemort, il ne peut pas décevoir. La réputation de ses parents n'est plus à faire, deux sorciers qui se sont sacrifiés pour éradiquer les forces du Mal, qui sont morts dramatiquement jeunes parents. Élu de Voldemort, il est comme un futur accédant au trône, enfermé dans son destin.

Même face à la représentation incarnée de ce drame et de cette trahison, Croûtard, alias Peter Pettigrow, Harry est capable de faire preuve de compassion, en faisant appel au souvenir de ses parents. Il est devenu maître dans l'art de contenir ses émotions et de les transformer en énergie positive. Quand on lui fait remarquer qu'épargner Pettigrow est une réaction très noble, Harry souligne que son père n'aurait pas voulu que ses amis deviennent des meurtriers.

Sa plus grande preuve de compassion est envers Voldemort : malgré l'instinct de vengeance qui grandit au fil des épisodes. Harry lui en veut personnellement, bien sûr, mais il n'utilise pas ce sentiment pour pouvoir lui faire du mal : il veut l'éradiquer car il souhaite profondément que le monde des sorciers ne bascule pas vers les forces du Mal. Il est une des rares personnes, grâce à l'apprentissage de Dumbledore, à oser nommer son ennemi, Voldemort.

Lors de la scène de l'affrontement entre Voldemort et Harry, ce dernier lui dit clairement « Je vous plains[2] ». C'est sa pitié, son humanité, qui lui permettent de résister à l'appel des forces du Mal. Cependant, Harry ne déteste pas Tom Jedusor. De la haine à l'amour, il n'y a parfois qu'un pas. Voldemort est en quelque sorte le « double maléfique » de Harry, il représente ce qu'il aurait pu être s'il n'avait pas reçu l'amour de sa mère, puis l'appui de Dumbledore, que Tom n'a pas su prendre en compte.

---

2. *Harry Potter et l'Ordre du Phénix*, de David Yates, 2007.

À l'action !

Éprouver de la compassion ne veut pas dire qu'il faut tout pardonner : la compassion vous permettra de ne pas juger les personnes qui vous ont fait du mal, et de vous en détacher. Cela ne veut pas non plus dire qu'il faut se mettre à la place de l'autre et justifier ses mauvais comportements ou mauvaises actions : il s'agit plutôt de prendre en compte leur existence, tout en refusant ce mode de fonctionnement et en se fixant une autre ligne de conduite. Par exemple, votre grand-mère manifestait clairement des signes de préférence envers vos cousins et vous délaissait, ne vous adressait pas la parole, se moquait de vous ouvertement : compatir ne revient pas à lui pardonner ou à chercher à expliquer le pourquoi du comment ; cela revient à assimiler cet état de fait et à considérer que le comportement dont elle faisait preuve vous a fait du mal mais devait d'une certaine façon lui faire du mal à elle aussi.

L'erreur à ne pas faire

Confondre la compassion et le pardon.

Partie 3

HARRY POTTER ET SA QUÊTE

« Trois objets, ou reliques,
qui, si on les réunit,
feront de leur possesseur
le maître de la Mort...
Maître... vainqueur... conquérant...
Le dernier ennemi qui sera détruit,
c'est la mort... »

HARRY, *HARRY POTTER ET LES RELIQUES DE LA MORT*, (LIVRE).

Nous avons commencé l'histoire avec un petit garçon effacé et soumis, pour la terminer avec un jeune homme fort et puissant.

Harry, Ron et Hermione ont grandi avec leur public : les cycles des années scolaires de Poudlard se sont égrainés au même rythme que ceux de leurs lecteurs, même si les aventures des jeunes Moldus sont bien moins rocambolesques. C'est un véritable roman d'apprentissage, d'initiation.

Harry Potter permet de mettre en lumière de grands thèmes philosophiques : le bien et le mal, la liberté, le pouvoir, la mort. La question de l'inné et de l'acquis est aussi soulevée : qu'est-ce qui relève de son ADN, de son enfance à Privet Drive ou encore de son apprentissage à Poudlard ?

Harry est une personne qui a des valeurs et des qualités. Il est intègre et courageux. Il est l'élu en mission qui ne se laisse pas détourner de son objectif. Il ne mène pas un combat vaniteux pour répondre à une envie personnelle : c'est un combat universel, qui est certes attisé par sa propre soif de vengeance, pour venir à bout des Forces des Ténèbres. Le triomphe du bien sur le mal est une quête éternelle, depuis les premiers romans chevaleresques du Moyen Âge jusqu'à la toute dernière série Netflix. Petit à petit, les pièces du puzzle semé par Dumbledore vont prendre forme et le mener sur la route de la sérénité.

Secret n°17

ÊTRE DÉSINTÉRESSÉ

« *La peur d'un nom ne fait qu'accroître la peur de la chose elle-même.* »

DUMBLEDORE À HARRY, *HARRY POTTER À L'ÉCOLE DES SORCIERS*, (LIVRE).

Harry a été habitué depuis sa plus tendre enfance et son arrivée chez les Dursley à se contenter de très peu. Une des premières scènes le représente dormant dans le fameux «placard sous l'escalier» puis préparant le petit-déjeuner pour toute la maison. Il se fait même disputer et menacer par son oncle et sa tante s'il ne prépare pas le repas à leur guise... Le contraste avec son cousin est saisissant: Dudley croûle littéralement sous les cadeaux et se permet un caprice (car il y en a trente-sept, et l'an dernier il y en avait trente-huit), auquel Pétunia cède immédiatement, tandis que Vernon ne compte clairement rien débourser pour l'éducation de Harry («Je refuse de payer pour qu'un vieux cinglé lui apprenne des tours de magie[1]!»).

L'arrivée de Hagrid dans la vie de Harry va inverser la tendance: il s'inquiète devant la longue liste de fournitures scolaires qui accompagne la lettre d'admission que lui apporte le géant car il ne sait pas encore qu'un coffre rempli de pièces d'or l'attend à Gringotts, la banque des sorciers. C'est pour lui une double révélation: non seulement ses parents lui ont laissé beaucoup d'argent, mais surtout ils ont pensé à lui. C'est un héritage matériel et symbolique, qui inscrit Harry dans la lignée des sorciers et marquera son entrée à Poudlard.

Harry n'est cependant pas impressionné par l'argent. Lorsqu'il rencontre ses nouveaux camarades, il se dirige intuitivement vers Ron Weasley, dont le père est employé au ministère de la Magie, plutôt que vers Drago Malefoy, qui est issu d'une famille de sorciers nobles et puissants. Malefoy ne se prive pas de se moquer régulièrement de Ron et de lui rappeler ses origines modestes, que ce soit en pointant son matériel de classe défectueux (comme sa baguette cassée qui donne un verre à moitié rat

---

1. *Harry Potter à l'école des sorciers*, de Chris Columbus, 2001.

lors du sortilège *Vera Verto*) ou ses habits passés («Une robe de seconde main, tu es forcément un Weasley[2]!»). Dans une famille nombreuse comme celle de Ron, il est établi que l'on réutilise les affaires d'un enfant à l'autre et que rien ne doit être gaspillé, et Harry partage ce point de vue.

Le fait que ces propos viennent d'un jeune enfant prouve qu'il est établi chez les Malefoy que l'on se moque des moyens modestes des Weasley. Ron baisse les yeux devant Drago, mais Harry ne se démonte pas et tient tête: l'argent n'a finalement que très peu de valeur à ses yeux; en effet il reconnaît tout de suite les qualités humaines de ses camarades. Dudley et Drago sont pour lui à mettre dans le même sac: des personnes viles, des enfants pourris gâtés dont l'argent des parents leur monte à la tête. On ressent une différence entre Molly Weasley, mère de Ron, et Narcissa Malefoy (dont le prénom signifie étymologiquement «*qui ne s'occupe que d'elle-même*»): la première ouvre sa porte et son cœur et prend soin de tous, tandis que la deuxième n'est tournée que vers son fils pour qui elle est prête à tout. Cela prouve bien que moins on a de biens, plus on est prêt à les partager.

2. *Harry Potter à l'école des sorciers*, de Chris Columbus, 2001.

L'école de Poudlard tente de gommer les différences sociales entre les élèves : comme dans les vieux pensionnats anglais ou dans certaines écoles renommées, l'uniforme est de mise. L'individualité s'efface devant le collectif. Il existe cependant un attribut convoité par tous les élèves, comme le denier smartphone dans le monde des moldus : le balai volant. Drago se pavane car son père a pu acheter des Nimbus 2001 à toute l'équipe de Quidditch des Serpentard et se moque par la même occasion de Ron. Hermione intervient et prend sa défense, en sous-entendant que Lucius Malefoy a soudoyé l'équipe pour que son fils soit sélectionné. Cette scène montre que Hermione, tout comme Harry, n'est pas sensible à l'argent des Malefoy et choisit plutôt l'amitié et l'intégrité.

Si Harry n'est pas impressionné par l'argent, il recevra néanmoins en cadeau deux attributs fondamentaux et symboliques du monde de la magie : le balai Nimbus 2000, qui lui sera offert par Minerva McGonagall, comme un cadeau de bienvenue dans l'équipe de Quidditch. La cape d'invisibilité est quant à elle une sorte de trait d'union entre Harry et ses parents : héritage de son père, c'est, comme il le découvre dans le dernier tome, un bien unique qui prouve à Harry que son destin n'est pas commun. Ce sont deux présents inestimables.

Lors de son premier Noël à Poudlard, Harry ne pense même pas avoir de cadeaux pour lui sous le sapin car il ne reçoit jamais rien. C'est Ron qui lui révèlera les mystères cachés de la cape d'invisibilité, Ron avec qui il partagera tout, depuis le premier trajet à bord du Poudlard Express jusqu'à leur quête des Reliques de la Mort.

À l'action !

Une chose est certaine pour Harry Potter : ce n'est pas le nombre de zéros sur le compte en banque de vos parents, l'importance de votre patrimoine ou la somme écrite en bas de votre fiche de paie qui fait votre valeur. Si comme Harry, vous avez connu des périodes de vaches maigres et des moments de difficultés financières, vous saurez d'autant plus apprécier les présents que la vie mettra sur votre chemin. Vous serez conscient que pour comprendre une personne, il faut passer par-delà sa richesse ou ses moyens financiers et s'intéresser à ce qu'elle a à l'intérieur, dans son âme et dans son cœur. Il y a de nombreuses richesses qui peuvent s'y cacher comme l'amitié, le courage, l'intégrité.

L'erreur à ne pas faire

Accorder trop d'importance à l'argent.

Secret n°18

S'ÉMANCIPER PAR LA CONNAISSANCE

« J'ai déjà appris par cœur
tous les livres qui sont au programme,
j'espère que ce sera suffisant pour débuter.
Ah, au fait, je m'appelle
Hermione Granger, et vous ? »

HERMIONE À HARRY ET RON, *HARRY POTTER À L'ÉCOLE DES SORCIERS*, (LIVRE).

Harry prend conscience, lors de sa première année scolaire à Poudlard, qu'il a des lacunes dans tout ce qui concerne le monde des sorciers. Sa proximité avec Hermione renforce ce sentiment : elle étudie beaucoup, passe son temps à la bibliothèque et connaît déjà la plupart des formules. C'est elle qui l'a incité à lire et à se documenter. Au fil des années qui passent, Harry arrive à emmagasiner beaucoup de connaissances et à ne plus être pris en défaut comme au début.

Harry est plutôt bon élève, mais sa motivation première pour apprendre en classe n'est pas uniquement scolaire : ce ne sont pas les bonnes notes ou les bonnes appréciations qui l'intéressent, il n'apprend pas que pour lui-même. Il cherche à comprendre réellement l'histoire de Poudlard, les enjeux de pouvoirs entre les différentes familles, les forces du Mal et leur influence, mais surtout à comprendre Voldemort pour pouvoir mieux l'anéantir. En ce sens, Harry n'est pas un élève modèle qui se contente d'être appliqué, c'est un élève impliqué qui veut mettre ses nouvelles connaissances à profit. Ses différents professeurs ont tout de suite cerné ce trait de caractère, et c'est d'ailleurs cela qui mettra le feu aux poudres avec Dolores Ombrage. Harry ne peut se contenter d'apprendre des choses qu'il ne comprend pas ou avec lesquels il se trouve en désaccord. Il est tellement en opposition avec Dolores Ombrage qu'il en vient à créer une sorte de cours officieux, dans lequel il crée une version réduite de l'Ordre du Phénix sous le nom d'Armée de Dumbledore.

Hermione et Harry se complètent beaucoup : ils n'ont pas le même profil d'élève, Hermione est l'élève modèle, qui a peut-être parfois du mal à se détacher de la théorie et à aller vers le réel. Ils vont s'enrichir mutuellement, Harry montrant à Hermione qu'il faut savoir sortir le nez des livres pour aller vivre la vraie vie ; et Hermione montrant à Harry que les connaissances permettent d'éclairer l'expérience sous un jour nouveau : ils instaurent cette relation dès le premier opus *Harry à l'école des sorciers* : « J'ai tout appris dans les livres. Mais il y a des choses beaucoup plus importantes, le courage, l'amitié… » Hermione le pousse, tout comme Dumbledore, à faire toujours plus, être sans cesse meilleur. « Je fais tout ce que je peux » « Tout ce que tu peux n'est pas suffisant » : cet échange, à un moment crucial de *Harry Potter et les Reliques de la Mort* est très révélateur de la relation de stimulation mutuelle qu'ils entretiennent. Ils s'en demandent toujours plus et ne perdent pas leur objectif des yeux ; ils agissent à ce titre comme de vrais sportifs.

La connaissance est symbolisée dans la saga *Harry Potter* par le Déluminateur : objet de magie créé par le plus grand professeur et directeur de Poudlard, Albus Dumbledore, le Déluminateur permet d'observer les éléments sous un jour nouveau, d'éclairer selon le prisme de la connaissance. C'est ce qui permet d'y voir plus clair quand les choses seront plus sombres. Il est également parfois nommé Éteignoir, selon que l'on voit une action ou son contraire. C'est ce Déluminateur que Dumbledore va léguer à Ron Weasley dans son testament, « dans l'espoir qu'il se souvienne de lui quand il s'en servira[1] ».

1. J. K. Rowling, *Harry Potter et les Reliques de la Mort*, 2007.

À l'action !

Certaines situations peuvent parfois nous échapper car nous n'avons pas les codes qui y sont contenus de manière implicite. Cela peut être une conversation qui nous échappe par manque de références de culture générale, une situation de la vie quotidienne où nous sommes en difficulté (machine à laver qui fuit, déclaration d'impôts ou autres joyeusetés de la vie courante), un moment en groupe où nous ne sommes pas à l'aise car nous n'arrivons pas à assimiler les codes sociaux qui le régissent… « *Le savoir est une arme* », expression culte du rap français (Ministère A.M.E.R., Kaaris, Frenetik…), est plus que jamais d'actualité : entre les *fake-news*, les arnaques en tout genre, l'individualisme, il devient vital de disposer de connaissances solides. Comme le disait le père Pagnol dans *La Gloire de mon père*, « il ne faut jamais perdre une occasion de s'instruire[2] ». Renseignez-vous, découvrez, analysez, apprenez, révisez… Cela aidera l'adulte que vous

2. Marcel Pagnol, *La Gloire de mon père*, Pastorelly, 1957.

êtes à prendre sa propre vie en main et à faire des choix éclairés qui ne seront plus dictés par la peur ou la soumission.

L'erreur à ne pas faire

Penser que l'on ne sait rien.

Secret n°19

RESTER FIDÈLE À SES VALEURS

« Tu es décidément un garçon merveilleux ! Un homme courageux, très courageux ! Viens avec moi. ».

DUMBLEDORE À HARRY,
***HARRY POTTER ET LES RELIQUES DE LA MORT*,**
(LIVRE).

Pétunia et Vernon Dursley sont dépeints comme des personnes fourbes, aigries et jalouses. Comme la tante Marge, leur apparence physique est d'ailleurs à l'image de leurs caractéristiques. Vernon et James sont des hommes que tout oppose. Harry s'est construit comme une sorte «d'anti-Vernon». On peut d'ailleurs se questionner sur la part de l'inné et de l'acquis[1] : jusqu'à l'âge de onze ans et de l'arrivée de Hagrid, Harry n'a pas la moindre idée de l'existence du monde des sorciers, il n'a même aucun élément concernant ses parents (« Vous m'avez dit qu'ils étaient morts dans un accident de voiture[2] ! »). Il avait déjà de bonnes valeurs ancrées en lui, mais les personnes qui l'entourent et le prennent sous leur aile à Poudlard vont le révéler : ils vont décupler ses qualités humaines, lui décrypter le monde des sorciers et lui permettre d'approfondir sa bonté.

Les valeurs de Gryffondor sont le courage, la hardiesse, la force, la bravoure et la détermination. On ne dévie pas un Gryffondor de son but initial. Harry est très pugnace, il ne lâche rien : dans sa quête des Reliques de la Mort, dans son combat contre Voldemort ; mais également dans ses relations humaines. Il n'a jamais d'intentions mauvaises et reste prévenant même envers des personnalités ambivalentes ou atypiques comme Mimi Geignarde ou Nick-Quasi-Sans-Tête.

Au début du récit, Harry a peu confiance en lui, il se place plutôt en observateur qui essaie de décoder

---

1. Rendez-vous à la page 189 pour découvrir une liste d'ouvrages vous permettant d'aller plus loin dans votre réflexion !
2. *Harry Potter à l'école des sorciers*, de Chris Columbus, 2001.

les ficelles du monde des sorciers ; mais il prend rapidement confiance en lui. Il ne se contente pas de ce qui est déjà acquis, de vivre sur sa notoriété : il est fier d'être qui il est, « *juste Harry* » ; tel un prince qui voudrait être apprécié non pas pour son titre mais pour ses qualités propres.

C'est aussi quelqu'un de rusé et d'ambitieux : il fait preuve, à l'aide d'Hermione et de Ron, de beaucoup d'ingéniosité et de pugnacité, en utilisant différents sortilèges et en enquêtant. Mais cela ne se fait jamais dans de mauvaises intentions, pour servir son intérêt propre. La fierté, la ruse, l'ambition, valeurs de Serpentard, sont malgré tout très présentes chez Harry, mais se compensent par ses valeurs Gryffondor.

Harry est surtout une personne de confiance. Lors de la scène de la mort de Cedric Diggory, son fantôme apparaît pour demander à Harry de rapporter son corps à ses parents, et Harry s'exécute. Le fait que Dolores Ombrage déclare la mort de Cedric comme une mort accidentelle renforce son opposition au ministère de la Magie et son envie de faire éclater la vérité. En se confrontant à des personnes mauvaises, il devient meilleur. Certes, Cedric et Harry étaient proches, et il se sent responsable de sa mort, mais il s'est également illustré avec Dudley : lorsque ce dernier se fait attaquer par des Détraqueurs, Harry n'hésite pas un instant à s'interposer et à le sauver. Dudley a pourtant participé malgré lui au harcèlement et à la maltraitance de Harry, mais il arrive justement à faire le tri et à lui venir en aide malgré leur passé. C'est une attitude droite et noble. À cause de cet incident, Harry frôle le renvoi de Poudlard, pour usage de la magie devant Moldus, ce qui est plutôt ironique.

À l'action !

Chaque personne a son cocktail personnel de valeurs, un mélange de notre éducation, de nos expériences, de nos aspirations et de nos idéaux. Si votre enfance s'est déroulée sans nuage, vous parvenez certainement à identifier vos valeurs en fonction de celles de votre famille. Si vous avez subi des moments difficiles, vous cherchez plutôt à vous en émanciper. En tout cas, les valeurs ne sont pas inhérentes seulement à notre éducation : c'est à chacun de composer sa propre échelle, selon les expériences de vie que vous traversez et les sujets auxquels vous prêtez attention. Certains auront plutôt le goût de l'effort, la persévérance, tandis que d'autres sont plus sensibles à l'entraide, la solidarité ou encore la tolérance. Il est toujours intéressant de prendre le temps de l'introspection et de se questionner sur ses valeurs : quelles sont les valeurs qui vous animent ? C'est également une réflexion intéressante à mener en couple : ce ne sont pas les couples qui ont grandi dans le même village ou qui ont le même métier qui sont les plus sereins, ce sont les couples qui partagent les mêmes valeurs.

L'erreur à ne pas faire

Calquer ses valeurs sur celles de sa famille même si elles ne nous correspondent pas.

Secret n°20

DISTINGUER LE BIEN DU MAL

« On peut trouver le bonheur
même dans les endroits les plus sombres,
il suffit de se souvenir
d'allumer la lumière. »

DUMBLEDORE, *HARRY POTTER ET LE PRISONNIER D'AZKABAN*, (LIVRE).

Dès l'arrivée de Harry sur le Chemin de Traverse, Hagrid le met en garde, avec toute la prudence qu'il faut pour s'adresser à un enfant : « Les sorciers ne sont pas tous des gens bien[1] ». Il en déduit donc qu'il existe des sorciers qui sont mauvais. Mais peu

1. *Harry Potter à l'école des sorciers*, de Chris Columbus, 2001.

de temps après, Voldemort lui dit « Le bien et le mal n'existent pas, il n'y a que le pouvoir, et ceux qui sont trop faibles pour le rechercher[2] ». Voldemort sait que, allié à Harry Potter, il pourrait faire des choses extraordinaires et régner sur le monde des sorciers. Mais même les flatteries et la perspective de pouvoir rejoindre ses parents ne suffisent pas à faire basculer Harry du mauvais côté.

Faire le mal n'est cependant pas gratuit : chaque mauvaise action laisse une cicatrice sur l'âme de celui qui la commet. Cela se rapproche des doctrines religieuses (« *Pardonnez-moi mon père, parce que j'ai péché* ») où les péchés laissent une trace dont il faudra libérer sa conscience.

Harry et Tom sont des forces qui s'attirent tels deux aimants, deux versions possibles selon l'orientation du personnage, le bien universel ou le pouvoir individuel. Ce n'est pas anodin que leurs deux baguettes soient des baguettes sœurs jumelles.

J. K. Rowling ne s'enferme pas pour autant dans une vision du monde manichéenne : elle multiplie les messages relativisant cette opposition entre le bien et le mal. Horace Slughorn, professeur de

---

2. *Harry Potter à l'école des sorciers*, de Chris Columbus, 2001.

potions et directeur de Serpentard, rappelle dans un discours quasi artistique qu'il n'y a pas de lumière sans obscurité, comme si les Gryffondor ne pouvaient exister que grâce aux Serpentard.

Sirius Black va plus loin en expliquant à Harry que l'on peut avoir en soi à la fois le bien et le mal, et que c'est à chacun de choisir – encore l'importance des choix – quelle part de soi on souhaitait mettre en avant. « Dans le monde il n'y a pas d'un côté le bien et le mal, il y a une part de lumière et d'ombre en chacun de nous. Ce qui compte c'est celle que l'on choisit de montrer dans nos actes, ça, c'est ce que l'on est vraiment[3]. »

L'iconographie et la symbolique sont très présentes dans *Harry Potter* : la cicatrice de Harry, le signe des Reliques de la Mort (un cercle dans un triangle surmonté d'un trait), les créatures fantastiques, le Vif d'Or... Le yin-yang aurait pu également être un symbole présent, car il explique, comme Dumbledore, Sirius Black, ou Horace Slughorn, que tout n'est pas tout noir ou tout blanc, et que, à l'intérieur d'un cercle – qui représente l'univers –, la lumière et l'obscurité sont complémentaires et indissociables.

---

3. *Harry Potter et l'Ordre du Phénix*, de David Yates, 2007.

À l'action !

Quand on a grandi dans une famille abusive, avec des parents toxiques ou pervers narcissiques, on ne sait plus distinguer ce qui est bien de ce qui est mal, ce qui est normal de ce qui ne l'est pas. Pour vous construire en tant qu'adulte de façon saine, pensez à observer et décortiquer les personnes autour de vous, que ce soit les paroles, les attitudes, les gestes, les comportements. Si vous repérez quelque chose qui vous met mal à l'aise, n'hésitez pas à le signaler ou à y mettre un terme rapidement en vous éloignant de cette personne. Privilégiez ce qui vous fait du bien : la compagnie de personnes agréables, telle ou telle musique, tel ou tel endroit… c'est à vous de décider ! Vous pouvez également vous tourner vers les pratiques alternatives, comme la sophrologie, la méditation, les huiles essentielles : tout ce qui vous permettra d'éloigner le mal de vous.

L'erreur à ne pas faire

Laisser le mal rôder autour de nous par habitude.

Le mantra du philosophe

« Ce n'est pas de vivre
selon la science
qui procure le bonheur,
ni même de réunir
toutes les sciences
à la fois,
mais de posséder
la seule science
du bien et du mal. »

PLATON[4]

---

4. Platon, *Dialogues.*

Secret n°21

RECONSTITUER LE PUZZLE DE SON HISTOIRE

« Il ne se rappelait rien de ses parents. Son oncle et sa tante ne lui en parlaient jamais et, bien entendu, il n'avait pas le droit de poser de questions à leur sujet. Il n'y avait même aucune photo d'eux dans la maison. »

***HARRY POTTER À L'ÉCOLE DES SORCIERS*, (LIVRE).**

Au début de la saga, Harry ne connaît rien de son histoire : ses oncle et tante qui l'ont recueilli lui ont raconté que ses parents étaient morts dans un accident de voiture, il n'a jamais entendu parler de Quidditch, de Gryffondor, de voie 9 ¾ et de Poudlard... Ron et Hermione, avec qui il se lie d'amitié, l'initient au monde magique et lui décryptent le mode de vie des sorciers.

Hagrid et Dumbledore jouent quant à eux un rôle plus personnel : ils lui distillent des informations sur son histoire, son héritage familial et la quête contre Voldemort. Ils l'inscrivent dans son histoire généalogique. Cependant, Dumbledore ne compte pas révéler directement à Harry ce qui le lie à Voldemort. Les petits cailloux semés par Dumbledore aident Harry à analyser lui-même les différentes pièces du puzzle pour mieux les imbriquer et voir petit à petit le dessin se révéler.

Dumbledore préfère mettre sur le chemin de Harry des indices, des clés au fil de l'avancée du récit, comme le Miroir du Riséd (qu'il finit par écarter, comme si sa présentation était intervenue trop tôt et que Dumbledore voulait finalement faire machine arrière) ou les fioles contenant des souvenirs reliés à Tom. De nombreux sortilèges et stratagèmes permettent de voyager dans le temps et facilitent la manifestation de ces indices.

Ces indices apparaissent surtout au fur et à mesure que Harry mûrit. Les premières années, il se contente d'amasser des éléments. Au fil des épisodes, la présence de Voldemort se fait de plus en plus pregnante, à tel point que Harry se sent obligé de prendre le sort de Voldemort en main : il crée l'Armée de Dumbledore et part, accompagné de Ron et d'Hermione, en quête des Reliques de la Mort. C'est l'ultime morceau qui lui manque pour reconstituer le puzzle de son histoire.

Cette quête est symbolisée par le Vif d'Or, une balle magique très difficile à attraper. Lors du premier entraînement de Harry, dans *Harry Potter à l'école des sorciers*, le capitaine de l'équipe de Gryffondor lui précise : « Si tu l'attrapes, on gagne. » Le passage d'un pronom à l'autre insiste sur le rôle primordial qui est conféré à Harry : sa victoire personnelle rejaillira sur tous et sera une victoire collective. C'est ce même objet que Dumbledore choisira d'utiliser pour léguer la Pierre de Résurrection à Harry, en lui imposant une dernière énigme : « Je m'ouvre au terme[1]. »

1. J. K. Rowling, *Harry Potter et les Reliques de la Mort*, 2007.

À l'action !

Tous les historiens s'accordent sur ce point : pour comprendre le présent, il est indispensable de connaître son passé. Il existe peut-être des zones d'ombre dans votre histoire familiale, des secrets de famille, des réalités douloureuses à porter qui rejaillissent sur votre vie d'adulte et vous empêchent d'évoluer sereinement. Vous avez le droit de connaître votre propre histoire, de reconstituer votre propre puzzle. N'oubliez pas aussi que chaque protagoniste s'est construit sa propre réalité à partir de ses souvenirs, et que tout ne correspondra pas forcément, ce sera à vous de démêler les fils. Et si certaines zones d'ombre persistent, votre sagesse vous permettra certainement de l'accepter et de continuer de tracer votre route sur le chemin de la paix.

L'erreur à ne pas faire

S'entêter à vouloir tout comprendre à tout prix.

Secret n°22

FAIRE SES PROPRES CHOIX

« Ce sont nos choix qui montrent
ce que nous sommes vraiment,
beaucoup plus que nos aptitudes. »

DUMBLEDORE À HARRY, *HARRY POTTER ET LA CHAMBRE DES SECRETS*, (LIVRE).

Le Choixpeau est un des premiers artéfacts qui apparaît dans la saga. À noter que dans la version originale, le Choixpeau s'appelle *Sorting Hat*, littéralement *le chapeau qui trie* ou *le chapeau qui organise*. La version française a permis un jeu de mots opportun entre « choix » et « chapeau ». À première vue, les élèves n'ont pas vraiment à choisir à quelle maison ils vont appartenir : c'est le Choixpeau qui les affecte, regardant parfois dans leurs pensées, mais la majorité des élèves subissent ce choix.

Harry a, en très peu de temps, compris l'importance de la maison à laquelle il va appartenir. « Votre maison sera comme une seconde famille[1] » résonne comme un avertissement important, d'autant plus pour Harry qui n'a pas de « première » famille. Il ne demande cependant pas au Choixpeau d'aller à Gryffondor, mais il demande de ne pas aller à Serpentard. Drago Malefoy tente de l'impressionner pour le recruter parmi les Serpentard en lui disant que « Certaines familles de sorciers valent mieux que d'autres[2] », ce à quoi Harry répond : « Je sais qui sont les gens douteux, je n'ai pas besoin de conseils. » Il tente de conjurer le mauvais sort en influençant le Choixpeau.

C'est d'ailleurs un des rares élèves qui reviendra vers le Choixpeau une année plus tard, pour demander à confirmer son affectation. Choisir, c'est renoncer, et Harry est encore dans l'incertitude de ses propres choix, car sa solitude lui impose de prendre ses décisions seuls.

Dumbledore tente d'influencer Harry en ce sens, de le pousser à faire ses propres choix en son âme

---

1. *Harry Potter à l'école des sorciers*, de Chris Columbus, 2001.
2. *Ibid.*

et conscience. Il rejoint en ce sens la doctrine de Sartre qui indique que l'Homme n'est pas déterminé et que ce sont ses choix qui le guident. Pour Sartre, quelle que soit la situation, nous avons toujours le choix. Harry est peut-être l'Élu mais il fait ses choix en pleine conscience : il a choisi de venger Cedric Diggory, il a choisi de libérer Dobby, il a choisi de défier les Dursley, il a accepté de se lancer dans la chasse aux Horcruxes, etc.

Remus Lupin accompagne également Harry dans cette théorie : il enseigne à Harry que, parfois, nous sommes isolés dans nos choix et qu'il est difficile de convaincre d'autres personnes. Dans *Harry Potter et les Reliques de la Mort*, il lui enseigne aussi que la pression du groupe est parfois très forte et qu'il faut pour y résister s'armer de méthodes et de persuasion, leçon qu'il appliquera lors de la quête finale : « C'est de la force des convictions que dépend la réussite, pas du nombre des partisans. »

À l'action !

Vous avez peut-être des souvenirs d'enfance désagréables, des moments douloureux, où vous vous dites que les adultes qui vous entouraient ont fait des mauvais choix : il ne s'agit pas ici de juger les choix du passé mais d'ajuster votre comportement actuel et de prendre les décisions en connaissance de cause. Par exemple, si vous avez été adopté, vous avez le choix de vouloir retrouver vos parents biologiques, de leur en vouloir, d'accepter la situation, de vous définir par cet événement ou d'en faire un simple fait anecdotique, d'adopter vous-même un enfant, de ne pas vouloir d'enfant... La vie est pleine de choix, chaque seconde est une décision, et c'est à vous de faire vos propres choix.

L'erreur à ne pas faire

Chercher à interférer dans les choix des autres.

Le mantra du philosophe

« Nous sommes nos choix. »

SARTRE[3]

3. Jean-Paul Sartre, *L'existentialisme est un humanisme*.

Secret n°23

S'EN REMETTRE PARFOIS AU DESTIN

« Harry avait finalement compris qu'il n'était pas censé survivre. Sa tâche consistait à marcher calmement vers les bras accueillants de la mort. »

***HARRY POTTER ET LES RELIQUES DE LA MORT*, (LIVRE).**

Harry fait preuve tout au long de son aventure d'une grande force de caractère, d'une droiture d'esprit et d'une rigueur à toute épreuve. Malgré toutes ses qualités indéniables, on sent qu'il a parfois besoin de se laisser guider et de s'en remettre au destin, comme s'il admettait simplement que, à certains moments de sa quête, il avait besoin de lâcher prise et qu'une force supérieure reprenne la main.

Harry est tout d'abord frappé par le destin familial, la prophétie : il est l'Élu. « Celui qui a le pouvoir de vaincre le Seigneur des Ténèbres approche... il naîtra de ceux qui l'ont par trois fois défié. Il sera né lorsque mourra le septième mois... et le Seigneur des Ténèbres le marquera comme son égal mais il aura un pouvoir que le Seigneur des Ténèbres ignore... et l'un devra mourir de la main de l'autre car aucun d'eux ne peut vivre tant que l'autre survit[1] ». C'est la professeure de divination elle-même, Sibylle Trelawney, qui formulera cette prophétie, à la manière d'un oracle. Les noms choisis par J. K. Rowling sont tous porteurs d'une signification bien spécifique, et Sibylle Trelawney n'y échappe pas : les sibylles étaient des prophétesses qui avaient parfois des révélations et prédisaient l'avenir, exactement la discipline à laquelle le professeur Trelawney se dédie, sans toutefois vraiment y exceller.

De nombreux artefacts et sortilèges permettent de se jouer du destin : le Retourneur de Temps, le sortilège d'Amnésie, les différents moyens de transport ou encore le fameux « *Ridikkulus* », qui fait basculer la situation. Le Patronus est un cas

---

1. J. K. Rowling, *Harry Potter et l'Ordre du Phénix*, 2003.

particulier : si le sort en lui-même demande une grande concentration et une certaine pureté d'esprit, la forme sous laquelle surgit le Patronus n'est pas décidée par le sorcier mais bien le fruit d'un savant cocktail hasardeux (le pays de naissance du sorcier, des représentations qu'il affectionne, celles d'un être cher...).

La trame de récit de Harry Potter, au fil de la saga, est en quelque sorte une carte du Maraudeur géante, et chaque sortilège utilisé fait emprunter un itinéraire différent de celui qui aurait dû être choisi sans son utilisation. Cela fait relativiser sur la force et la toute-puissance de Harry, qui a pu notamment au début de l'histoire, montrer parfois des signes d'impatience ou de fougue. Même Harry Potter, l'Élu, ne peut pas toujours agir dans la précipitation et la colère : il doit parfois se laisser guider, même si c'est par le hasard.

L'épisode le plus marquant est le choix de la baguette dans le premier tome : « Étrange, vraiment très étrange[2]. » En expliquant à Harry, alors tout jeune sorcier peu au fait des vicissitudes de Voldemort, que « la baguette choisit son sorcier », Ollivander insiste auprès de Harry sur le fait qu'il

---

2. J. K. Rowling, *Harry Potter à l'école des sorciers*, 1997.

est l'Élu et qu'il ne pourra pas échapper à ce destin hors du commun. Ce dernier était jusqu'alors habitué à évoluer dans l'ombre et se retrouve en très peu de temps « appelé à faire de grandes choses ».

Harry Potter et la Coupe de Feu marque également un tournant dans la représentation de Harry : il passe de l'observation à l'action. Harry avait déjà bénéficié d'un traitement de faveur pour faire partie de l'équipe de Quidditch de Gryffondor. Lors du Tournoi des Trois Sorciers, ce traitement se renouvelle car la Coupe de Feu sort finalement le nom de Harry Potter, en théorie trop jeune pour pouvoir participer. Ce traitement hors des règles passe mal auprès de ses camarades, qui ne croient pas que le nom de Harry soit sorti par pur hasard. Ironie du sort, la fin du tournoi et la mort de Cedric Diggory correspondent au retour de Voldemort, et au basculement dans les forces du Mal.

À l'action !

Les personnes qui ont vécu des difficultés dans leur enfance sont plus ouvertes à de nouvelles possibilités, plus enclines à se laisser porter par le destin : puisque leur sort actuel n'est pas satisfaisant, elles n'ont rien à perdre à le modifier. Qui ne s'est jamais demandé : « Si je tourne à droite, qu'est-ce qu'il se passe ? Si je tourne à gauche, qu'est-ce qu'il se passe ? » Plusieurs films ont construit leur scénario sur cette base de quelques destins possibles, en modifiant un événement en particulier (*Smoking No smoking*, *Cours*, *Lola*, *Cours*, ou encore *Plan de table*). C'est ce qu'on appelle « l'effet papillon ». Il est parfois confortable de se dire que nous n'avons pas à tout contrôler et que le destin peut se charger de décider d'une partie.

L'erreur à ne pas faire

Tout attendre de la providence.

....

Secret n°24

FAIRE PREUVE DE COURAGE

« Si vous allez à Gryffondor
Vous rejoindrez les courageux,
Les plus hardis et les plus forts
Sont rassemblés en ce haut lieu. »

CHANSON DU CHOIXPEAU, *HARRY POTTER À L'ÉCOLE DES SORCIERS*, 1997 (TOME 1).

En véritable porte-drapeau de Gryffondor, s'il y a bien une qualité dont Harry Potter fait preuve sans relâche, c'est le courage ! Au début de la saga, Harry a du mal à maîtriser son énergie, il réagit sous le coup de l'impulsivité, de la colère. Lors du premier cours de Quidditch, quand Drago le pique au vif (« Qu'est-ce qu'il y a, Potter, c'est hors de ta portée[1] ? »), Harry prend son courage à deux mains et s'élance sans réfléchir sur son balai. Cette impulsion était finalement à propos car elle va se retourner contre Drago : cela a permis de révéler le grand potentiel de Harry au Quidditch et d'en faire un Attrapeur renommé.

Le courage de Harry ne se limite pas à de la hardiesse chevaleresque dans l'action : il fait preuve d'une grande force d'esprit. Il sait se surpasser, agir dans l'urgence, il ne panique jamais. Dans le monde des Moldus, on l'aurait bien imaginé gendarme, pompier ou médecin urgentiste. Il sait garder son sang-froid et être, la plupart du temps, à la fois dans l'analyse et dans l'action.

Il ne perd pas de vue l'importance de dialoguer, de négocier, comme avec Mimi Geignarde dans les toilettes, ou encore avec son cousin Dudley. Il consulte toujours Ron et Hermione avant de prendre des décisions et ne fuit pas les situations de conflit. De par son enfance, Harry a besoin que les problèmes soient explicites et limpides pour pouvoir s'y atteler : il n'a eu que peu d'interactions sociales et n'a pas appris les codes sociaux, les rares échanges qu'il avait avec la famille

---

1. *Harry Potter à l'école des sorciers*, de Chris Columbus, 2001.

Dursley n'étaient pas bienveillants et l'ont certainement inhibé. En cela, il s'entend bien avec Luna Lovegood qui a compris son fonctionnement.

Hermione et Ron font aussi, chacun à leur manière, preuve de beaucoup de courage. Même s'ils ont parfois des doutes sur leur capacité à réussir, ils n'hésitent jamais à accompagner Harry dans sa quête. Ils se mettent parfois dans des situations vraiment inquiétantes, que ce soit en jouant une partie d'échecs grandeur nature ou en s'infiltrant au ministère de la Magie. Ils ont, tout comme Harry, ce courage d'esprit, qui permet par exemple à Hermione de s'effacer de la mémoire de ses parents pour les protéger.

À partir de *Harry et le Prince de sang-mêlé*, les histoires de cœur prennent de plus en plus de place : plusieurs adolescentes deviennent des groupies de Harry et se mettent à comploter pour s'attirer ses faveurs, le but ultime étant d'être invitée à la fête de Noël de Slughorn. L'une d'elle, Romilda Vane, va jusqu'à élaborer une stratégie pour lui faire boire un philtre d'amour. Pour autant, Harry est complètement insensible aux groupies qui rôdent autour de lui, qu'ils trouvent plates et peu intéressantes. La fille qui va taper dans l'œil de Harry est une Weasley, une Gryffondor pur jus. Leur coup de foudre ne sera pas instantané mais viendra petit à petit au fil des années, avec la maturité. Ginny Weasley est l'exemple même du courage (« Tout est possible, du moment que l'on a assez de cran[2] »), il n'est pas étonnant qu'Harry et elle se soient choisis comme partenaires.

---

2. *Harry Potter et l'Ordre du Phénix*, de David Yates, 2007.

À l'action !

Les personnes qui ont survécu à des traumatismes d'enfance sont des personnes pleines de ressources et de courage. Le courage n'est pas simplement le fait d'entreprendre des choses difficiles, mais c'est entreprendre des choses difficiles en surmontant sa peur. Vous avez peut-être dû durant votre enfance tenir tête à un groupe, vous enfuir, vous cacher, ou toute autre situation de ce genre qui crée du stress. Vous avez surmonté ces obstacles, grâce à votre courage, et cela fait de vous un adulte encore plus solide et sûr de lui. Gandalf, le Dumbledore du *Hobbit*, l'explique ainsi : « Le courage ce n'est pas de savoir quand supprimer une vie, mais quand en épargner une ». Le courage se construit petit à petit, en prenant confiance en soi.

L'erreur à ne pas faire

Confondre courage et impulsivité.

Le mantra du philosophe

« Il n'est
point de bonheur
sans liberté,
ni de liberté
sans courage. »

PÉRICLÈS[3]

---

3. Prononcée à Athènes en l'honneur des défenseurs de la patrie morts pendant la guerre du Péloponnèse.

CONCLUSION

Cet ouvrage met en lumière l'histoire de Harry Potter d'une façon différente : à partir de nombreux extraits de la saga éponyme, de scènes décortiquées, l'accent est mis sur les blessures d'enfance de Harry et sur la façon dont il a réussi à s'en libérer.

En regardant à travers le prisme de Harry Potter, les épreuves que chacun a subies durant l'enfance prennent une nouvelle couleur et peuvent devenir à l'âge adulte une force. Pour y parvenir, il faut, comme Harry, faire la paix avec son passé, être exigeant avec son entourage et se fixer des objectifs.

Voici 10 affirmations inspirées du parcours de Harry Potter. Si vous en avez au moins 6, vous avez réussi, comme Harry, à trouver les secrets pour vivre sereinement avec vos blessures d'enfance :

- Vous avez fait la paix avec vos parents ;
- Vous avez fait le deuil de la famille parfaite ;
- Vous n'êtes jamais mieux servi que par vous-même ;
- Vous avez des amis qui sont pour vous plus qu'une famille ;
- Vous vous êtes fixé un but et rien ne pourra vous en détourner ;
- Vous traitez les autres comme vous aimeriez être traité ;
- Vous êtes ouvert à toutes les possibilités ;
- Vous ne vous apitoyez pas sur votre sort ;
- Vous avez des principes auxquels vous ne dérogez pas ;
- Vous savez quelles sont les limites de votre tolérance.

QUELQUES OUVRAGES POUR ALLER PLUS LOIN

RUIZ Miguel, *Les Quatre Accords toltèques, la voie de la liberté personnelle*, Édition Jouvence, coll. Poche, 2016.

CYRULNIK Boris, *Un merveilleux malheur*, Éditions Odile Jacob, coll. Poche, 2002.

PERSIAUX Gwénaëlle, *Guérir des blessures d'attachement : apprendre à construire des liens apaisés*, Éditions Eyrolles, 2021.

BLIQUE Marion, *J'arrête les croyances limitantes ! 21 étapes pour une vie libre, inspirée et épanouie*, Éditions Eyrolles, 2020.

ZELLIOT Sylvain, *Guide de l'amitié et de la communication sociale : petits rituels simples pour les gens introvertis et atypiques*, Sylvain Zelliot, autoédition, 2020.

BORELLI Marcello, *La Pensée positive, comment atteindre vos objectifs et mener une vie positive à travers le pouvoir de la pensée*, autoédition, 2020.

BOURBEAU Lise, *Les 5 blessures qui empêchent d'être soi-même*, Éditions Pocket, 2020.

ANDRÉ Christophe, LELORD François, *L'Estime de soi. S'aimer pour mieux vivre avec les autres*, Éditions Odile Jacob, 2008.

MILLÊTRE Béatrice, *Petit Guide à l'usage des gens intelligents qui ne se trouvent pas très doués*, Éditions Payot, 2018.

BERGER-LOEWENSTEIN Kristin, *L'Amour de soi – Voyage vers ton nouveau moi*, auotoédition, 2022.

Dépôt légal : novembre 2022
ISBN : 9782380156157
Achevé d'imprimer en octobre 2022 en Espagne par Liberdúplex